LE POUVOIR INTÉRIEUR

W. G. BARTON

LE POUVOIR INTÉRIEUR

Le Moi ultime au centre de l'univers

TRADUIT PAR :
I AM

Editions de Mortagne

Édition française:
Les Éditions de Mortagne
250, boul. Industriel, bureau 100
Boucherville (Québec)
J4B 2X4

Traduction française:
I AM

Couverture:
Clic Communications

Diffusion:
Tél.: (514) 641-2387
Téléc.: (514) 655-6092

Dépôt légal:
Bibliothèque nationale du Canada
Bibliothèque nationale du Québec
1er trimestre 1990

ISBN: 2-89074-126-5

1 2 3 4 5 - 90 - 94 93 92 91 90

Imprimé au Canada

TABLE DES MATIÈRES

AVERTISSEMENT AU LECTEUR

Le pouvoir intérieur est le premier livre de *l'auteur, écrit en 1963. À cette époque, l'inspiration de son mentor, Loliad-R-Kahn, était intimement liée aux connaissances religieuses personnelles de l'auteur.* Le lecteur *aura donc à voir au-delà des mots et à capter l'essence et le cristal du premier message de Loliad-R-Kahn, via son étudiante terrestre : Winifred G. Barton.*

PRÉFACE

Bienvenue dans la collection de l'homme nouveau !
J'ai tenu à venir personnellement vous accueillir, car je
veux vous présenter aux membres de la Famille universelle ; c'est toujours un plaisir pour eux de rencontrer un
nouveau visage, de reconnaître un nouvel esprit. Je me
présente : je suis l'homme nouveau ; les pieds reposant
fermement sur le sol et les yeux fixés sur les étoiles. Les
bandes concentriques qui m'entourent soulignent mes
multiples dimensions. Je ne suis ni du passé ni de
l'avenir : mon symbole a traversé les âges et vous en avez
aperçu quelquefois l'écho (dans le symbole de l'Année
internationale de l'enfant par exemple). Je vis dans
l'éternel présent et j'ai un secret à vous confier ; saviez-
vous que vous possédez tout pour faire partie de la
Famille universelle ? L'immortalité, la santé, le bonheur...
tout cela se trouve à portée de votre main.

Ce n'est pas de la science-fiction ! L'accès au domaine
spirituel vous est ouvert, il vous faut cependant réclamer
ce droit de naissance. La collection de l'homme nouveau
vous offre un condensé de toute l'expérience humaine,
qu'il s'agisse de psychologie, de philosophie, de théologie ou de science. Sa conscience embrasse la totalité de

cette pyramide à quatre faces et elle vous amènera à son sommet, là où toute la connaissance de l'Univers est disponible.

Ne vous méprenez pas, l'homme nouveau n'est pas un penseur idéaliste ou un ermite qui vit hors du monde... il marche sur Terre en ce moment et met son principe en action.

Devant vos yeux vont surgir des idées qui sembleront peut-être différentes au départ... Il vous faudra quelque temps parfois pour vous souvenir... Mais vous sentirez peu à peu qu'elles ont toujours été vôtres. Oui, voici votre chance de découvrir, pour vous-même, la réponse à vos questions les plus intimes.

Vous êtes attiré par les O.V.N.I.? Vous voulez vivre très vieux? En parfaite santé? Vous désirez éclaircir l'énigme de vos rêves? Connaître enfin la vérité au sujet de la vie après la vie, de la projection astrale, etc.? Ou tout simplement, tirer le maximum de votre expérience actuelle sur notre merveilleuse planète? Dans ce cas, cette collection s'adresse tout spécialement à vous. De l'autre côté de cette page, une nouvelle dimension vous attend, sa porte s'ouvre au plus profond de votre être... Je vais bientôt vous en confier la clé, car vous faites partie de la Famille. Le défi sera de ne plus jamais oublier que vous êtes, vous aussi, un homme nouveau. Bon voyage et à très bientôt!

Note au lecteur.

Afin de mieux saisir le sens de certains mots utilisés dans ce volume, veuillez consulter notre lexique à la fin de cet ouvrage.

INTRODUCTION

Lorsque je saisis toute la portée de l'ordre reçu, je restai frappée de stupeur. Il voulait que *moi*, Winifred Barton, j'écrive un *livre*? Mais le rythme constant et solennel des pulsations de pensée que Loliad me transmettait me laissait entendre qu'il ne plaisantait pas, car notre système de communication avait été mis au point depuis longtemps.

Je ressentais des picotements familiers au bout des doigts et j'ai vu ma main saisir une plume, tandis que des ondes réconfortantes sont venues me relaxer et emporter ma panique. « Ils ne me croiront jamais, Loliad », lui dis-je. Mais l'instant suivant, je sentis mon épaule gauche se hausser légèrement. « Le temps viendra où, ils comprendront et le temps travaille pour nous... te souviens-tu du cirque? »

L'est de Londres était plongé dans le pire des brouillards. Ce soir-là, c'était donc une heureuse surprise pour l'enfant d'émerger soudain dans les brillantes lumières d'une immense arène. Vêtue seulement d'un pyjama, elle se glissa prudemment dans la dernière rangée et, émerveillée, observa ce qui se passait sur la piste. Il semblait qu'une course allait commencer. Les chevaux alignés au départ étaient de magnifiques pur-sang et leurs cavaliers portaient des vêtements splendides représentant les arts et les sciences. Le maître de cirque donna le signal et la course commença. Mais il restait un cheval au départ, noir et peu soigné. Le maître de cirque jeta un coup d'œil à la ronde : « Qui va monter le cheval noir ? » s'écria-t-il. Son regard parcourut l'assistance silencieuse, jusqu'à ce que, finalement, ses yeux se posent sur l'enfant. Elle se blottit dans un coin, secouant la tête. Le cheval semblait si énorme et elle n'avait jamais monté. Ces gens se moqueraient sûrement de son apparence chiffonnée... Puis, comprenant qu'il n'y aurait pas d'autre volontaire, elle se leva : « Je vais essayer », dit-elle.

Le maître de cirque l'aida à monter le cheval et ils partirent à la poursuite des autres. Tout d'abord, le cheval, qui n'avait pas l'habitude d'être guidé, se cabra et voulut désarçonner sa cavalière. Puis, sentant la ténacité de l'enfant, il accéléra, gagna du terrain et finalement courut à la victoire.

Toute trace d'indiscipline quitta le cheval. Doucement, il poussa l'enfant du chanfrein vers le centre de la piste, où le maître de cirque, conscient des regards ébahis et réprobateurs de la foule, allait remettre le prix à la gagnante.

La petite fille demeura momentanément perplexe. Le prix était un pendentif ; mais elle portait déjà au cou le crucifix de sa foi. Elle entra donc dans une chapelle voisine déposer sa croix au pied de l'autel, puis revint recevoir son prix. Il ressemblait à une croix sauf que la partie supérieure était tronquée et il formait ainsi un « T » majuscule.

Les spectateurs se tournèrent vers le maître de cirque : « Comment cela se peut-il ? » demandèrent-ils. « Nos champions ont fait tout leur possible, ils se sont entraînés avec zèle et leurs montures étaient en parfaite condition. Pourtant, cette enfant qui ne connaît rien, qui n'avait aucune connaissance, leur a volé la victoire! Comment se peut-il qu'une situation si injuste nous échoit? Nous qui méritions davantage le succès?»

Le pouvoir intérieur se propose de fournir la réponse. C'est une introduction quelque peu concise peut-être et, au début, la plupart des gens n'auront qu'une vague perception du message contenu dans ce livre. Les plus jeunes auront moins de problèmes. Les intellects bien développés, eux, auront une difficulté quasi insurmontable à conquérir le monde des sens.

Loliad me le montra, un jour que nous discutions du désastre causé par Mars lors de son passage près de la Terre, il y a environ sept ou huit mille ans. Cette trajectoire dangereuse a précipité la disparition de l'Atlantide ainsi que les processus de l'évolution sur d'autres planètes. J'éprouvais beaucoup de difficulté à recevoir et à retenir les images mentales qui m'étaient transmises, car j'étais prisonnière de l'idée préconçue selon laquelle les êtres spirituels des autres planètes doivent nécessairement avoir des bras et des jambes et ressembler, plus ou moins, aux terriens. Mon écran mental fonctionnait comme une télévision dont les tubes sont affaiblis; les images étaient brouillées. Cependant, nous avons finalement réussi à faire taire l'intellect animal, et à partir. Nous nous sommes approchés d'une constellation de neuf petites planètes, si éloignées qu'elles ne sont pas visibles de la terre. Chacune d'elles était plus petite que la nôtre. Notre destination était la plus petite du groupe.

Vringg est le son qui, prononcé un peu comme le bruit d'un criquet, traduit le mieux le nom de cette planète.

La surface de *Vringg* est composée principalement de roc et de roche, avec de petits points d'eau dans les creux. En somme, il n'y a pas de séparation entre les masses d'eau et de terre, comme sur notre planète. Il n'y a pas d'arbres, mais on trouve des touffes de végétation qui ressemblent à de l'herbe et qui poussent parfois autour de l'eau, dans les crevasses des rochers. À l'occasion, on voit courir un insecte. D'autres, semblables, mais d'un format plus grand, volent. Ils ressemblent à des libellules, avec des ailes presque pareilles à celles d'un oiseau.

Il n'existe que quatre espèces d'animaux sur la planète, chacune vivant aux dépens de l'autre. La plus évoluée de ces espèces animales (avec laquelle nous avons pu communiquer mentalement, puisqu'elle était douée de l'« esprit ») ne tuait que pour se nourrir et se protéger.

Ces êtres ont l'apparence d'énormes fourmis, mesurant à peu près la moitié de la taille d'un homme moyen. Leur corps est divisé en trois parties : la tête et les épaules forment la première ; la partie supérieure de la deuxième section ressemble à une articulation pivotante d'où émergent quatre « bras » qui peuvent être utilisés ensemble, ou indépendamment l'un de l'autre. La troisième section possède également quatre protubérances dont deux ressemblent à des jambes sur lesquelles ces êtres se tiennent debout ; les deux autres sont rétractiles et ne sont utilisées que lorsqu'ils sont assis ou au repos.

Ces êtres sont ovipares. La proportion des naissances est d'environ cinq femelles pour vingt mâles.

Une femelle vit avec un groupe de mâles. Lorsqu'elle pond ses œufs, chaque mâle en prend un et le tient contre son corps à l'aide de deux « avant-bras » et de deux membres inférieurs. Un tube émerge de la section centrale de son corps et pénètre la coquille de l'œuf pour nourrir le bébé pendant la période d'incubation.

Si la femelle pond plus d'œufs qu'elle n'a de « maris », elle enterre soigneusement tous les œufs supplémentaires avidement recherchés par une autre espèce animale qui les déterre pour nourrir ses propres petits.

La civilisation vringgienne est beaucoup plus ancienne que la civilisation humaine et, à bien des égards, ces êtres ont atteint une plus grande évolution spirituelle. La durée de leur vie est d'environ cinquante années terrestres, dont une dizaine sert à la reproduction. Ils passent approximativement un tiers de leur vie à « chasser », un tiers à prier Dieu, et un tiers est consacré aux diverses activités de la reproduction.

En général, les mâles se font tuer rapidement, mais ils peuvent tuer leurs ennemis dans une proportion d'environ trente pour un. Pour se cacher de leurs ennemis, ils peuvent rester immobiles pendant des heures, « s'assoyant » sur leurs deux protubérances inférieures, quoiqu'ils demeurent dans la position verticale. Matérialisme et motivations égocentriques sont inconnus. Chacun travaille pour le plus grand bien de tous. Les vringgiens ne portent pas de vêtements et l'évolution les a dotés d'une espèce de carapace.

Longtemps après avoir visité la planète Vringg, j'ai lu un article au sujet de Rudolf Steiner. Je fus ravie de voir dans ses peintures des gens qui ressemblaient à nos amis. Il est évident, toutefois, que ce n'est pas le Dr Steiner qui les a visités, mais lui qui reçut leur visite. Ses visiteurs avaient poliment pris un visage humain, afin de communiquer plus facilement avec lui et l'aider à mieux les comprendre (courtoisie habituelle entre voyageurs interplanétaires).

Malheureusement, les terriens, à l'heure actuelle, laissent beaucoup à désirer à cet égard. Il est pénible pour ceux qui savent se libérer du monde des sens, de revenir ici-bas avec une connaissance incompréhensible à l'intellect de personnes qui ne peuvent imaginer autre chose dans ce domaine que les vaisseaux spatiaux.

La nouvelle race acceptera ces choses normalement, sans rechercher le « sensationnel ».

Rétrospectivement, je m'émerveille de la sagesse et de la tendresse de mon professeur. À l'enfant, il a su se présenter comme le maître de cirque ; durant ma jeunesse, nous avons parcouru l'univers, et ce n'est qu'à l'âge adulte qu'il m'en a révélé le but.

Si j'étais artiste, je prendrais plaisir à vous dépeindre l'histoire en images, telle qu'elle s'est passée. Si j'étais un génie littéraire, capable de jouer avec les mots, ce serait tellement plus efficace. Mais ce n'est pas le cas. Je ne peux offrir que ce petit signe : « T » majuscule. Rien ne le surpasse.

Chapitre 1

LE DÉBUT DE LA PIÈCE COSMIQUE

D'où vient la Terre ?

Afin de comprendre le Plan du Maître concernant l'humanité et de voir comment il est actuellement porté à son apogée, il est nécessaire d'examiner l'évolution de l'homo sapiens, la façon dont la Terre a atteint sa position actuelle et avant cela, la création de l'univers.

La science peut nous fournir tous les détails nécessaires, mais ce livre n'étant pas destiné à être un traité scientifique, un aperçu général du progrès de l'évolution devrait suffire.

La Terre est âgée de quelque trois milliards d'années. Pendant la plus grande partie de ce temps, elle était trop froide pour entretenir la vie autrement que sous des formes microscopiques. La Terre était dépourvue de ces masses de matière qu'on connaît aujourd'hui et ressemblait davantage à toutes ces planètes que l'on peut voir dans le ciel, et aux millions d'autres corps célestes au-delà de la portée de notre vision, qui forment un immense cercle couvrant des milliards et des milliards de kilomètres.

Si l'on pouvait regarder à travers le plus puissant télescope existant et se transporter avec notre télescope sur l'étoile visible la plus éloignée, ce processus pourrait être répété sept fois avant que la Terre n'entre de nouveau dans le champ du télescope et que le grand cercle des étoiles soit fermé.

Tel est le domaine de notre Père, Souverain de l'Univers.

La façon la plus exacte de décrire la Terre originelle serait peut-être de la comparer à la lune, telle qu'elle est aujourd'hui.

Deux milliards et demi d'années se sont écoulées avant que la Terre ne s'approche suffisamment du soleil pour commencer à ressentir sa chaleur. Cependant, contrairement à la Lune, elle tournait sur son axe, tout en tournant autour du soleil de sorte que toute sa surface était exposée à la chaleur de celui-ci.

Depuis des millénaires, les hommes ont essayé de scruter le ciel pour connaître ses secrets, se demandant : « D'où vient la Terre ? Comment les étoiles furent-elles formées ? Pourquoi y a-t-il tant de formations et de groupes d'étoiles différents ? Pourquoi certains groupes ont-ils un soleil et d'autres pas ? » De grands penseurs ont exposé leurs théories à ce sujet, pour les voir réduites à néant par les faits et les nouvelles découvertes.

L'Esprit Infini connaît toutes les réponses et, pour renforcer et confirmer cette explication, il a permis plusieurs révélations.

Au commencement, c'est-à-dire, avant la formation de l'univers actuel, il existait une sphère énorme, d'une dimension inimaginable, qui occupait tout le vide des cieux.

L'explosion gazeuse qui désintégra cette énorme sphère est au-delà de la compréhension humaine. Néanmoins, elle eut lieu et fut d'une telle force que la sphère entière éclata en millions de morceaux qui furent projetés en tournoyant dans l'espace de façon chaotique, laissant un vide à la place de la sphère originelle.

C'est ainsi que fut formé l'univers, il y a plus de trois milliards d'années.

Au cours de leur voyage à travers l'espace, les morceaux incandescents se sont mis à tourner sur eux-mêmes, s'échauffant encore plus à mesure que leur vitesse augmentait. Ils devinrent en fait, comme dans notre galaxie, des masses en fusion. Certaines éjectèrent d'énormes masses de matière en fusion tandis qu'elles continuaient à tournoyer à une vitesse astronomique. La vitesse était telle que certaines de ces masses sont restées en fusion, la vitesse de rotation leur donnant une forme sphérique. Le tout, c'est-à-dire chaque morceau projeté par le cataclysme originel, entreprit un voyage circulaire dans le ciel, en série de groupes.

Certaines galaxies se sont mises à tourner autour d'un point central, un soleil. D'autres avaient deux soleils ou plus, mais tous les groupes circulaient autour de l'espace qu'occupait autrefois la sphère originelle.

La vie existe-t-elle sur d'autres planètes? Oui! Le Seigneur de l'Univers y est humblement reconnu et l'Esprit du Maître y est révéré. Y a-t-il d'autres mondes où la vie humaine telle que nous la connaissons peut exister? Une fois encore, la réponse est affirmative, mais l'homme ne mettra le pied sur l'un d'eux que lorsqu'il en sera digne (incapable de les polluer), quand tous les peuples respecteront la Loi universelle et vivront dans la grâce.

La masse en fusion qui devint notre Terre fut projetée si loin de son corps d'origine, le soleil, que la croûte extérieure de la Terre se refroidit. Parce qu'elle était trop éloignée de la chaleur du soleil et parce que sa progression ralentit jusqu'à s'arrêter, elle commença lentement une trajectoire en sens inverse en direction de la masse mère.

Le froid intense sur la surface extérieure de la planète, forma une couche protectrice qui empêcha le noyau central de se refroidir. Les lentes révolutions de la Terre pendant la poursuite de son voyage vers le soleil, orbite ne formait pas un cercle parfait, mais une légère ellipse, de sorte que, chaque jour, sa trajectoire la rapprochait infinitésimalement du soleil. Le noyau central demeurait extrêmement chaud, une masse en fusion, bouillonnant continuellement ; des rivières de métal incandescentes partaient de ce lac intérieur, et voyageaient à travers les fissures et les crevasses, le long de canaux souterrains, pour trouver dans la croûte les points faibles par où elles pouvaient jaillir.

En se refroidissant, la Terre recueillit dans l'univers des formes de vie microscopiques qui ont formé la base de toute vie terrestre.

L'atmosphère fut formée par les processus de refroidissement et par les gaz émis durant ces périodes.

Dans le creuset de la nature

L'évolution de l'espèce humaine doit être bien comprise si l'homme veut se comprendre, et savoir comment il est devenu un être humain spirituel.

Au début, la vie se composait de formes unicellulaires qui se nourrissaient de minuscules microbes, les absorbant, ainsi que l'air et l'eau à travers une membrane extérieure.

L'organisme unicellulaire se développa et devint si gros qu'il dut faire un choix : se diviser ou mourir. Le processus de la division cellulaire commença.

On peut voir la nature à l'œuvre dans tout ce développement de la vie ; c'est-à-dire une force qui n'est pas en soi de l'esprit et pourtant qui est une pensée de l'Esprit, en ce sens que le Maître, voyant qu'il y avait de la vie sur cette planète, en permit le développement, se disant sans doute : « Il y a de la vie microscopique sur la planète Terre ; qu'elle se développe librement et qu'elle soit gouvernée par les lois de l'évolution naturelle, créant elle-même des lois pour se diriger, jusqu'à ce qu'elle produise une forme de vie propice à la vie spirituelle, comme sur certaines de mes autres planètes. »

La quête de nourriture a nécessité le développement de la mobilité. Il y a environ huit cent millions d'années, les formes unicellulaires se multipliaient par simple division. La nature apprenait et créait déjà des lois.

Graduellement, au cours de plusieurs millions d'années, les formes unicellulaires gélatineuses se transformèrent et se divisèrent en deux, puis, finalement, elles devinrent multicellulaires, s'adaptant aux modifications du milieu (qui incluait notamment les ennemis dont elles étaient la nourriture), acquérant des sens et les distribuant à certaines parties de leur organisme.

La structure de la Terre était également sujette à un changement constant, ce qui occasionnait des modifications dans l'environnement et obligeait les diverses formes de vie à s'adapter.

Le réchauffement de l'air autour de l'écorce de la Terre pendant la poursuite de son voyage vers le soleil provoqua la fonte lente et graduelle de la calotte glaciaire, permettant la libération de magma.

Des tremblements de terre se produisirent, à mesure que le magma trouvait les points faibles de l'écorce. Des montagnes surgirent, créant des volcans qui, à leur tour, formèrent les nouvelles plaines et les dépressions qui devaient contenir les immenses nappes d'eau qui se créèrent de plus en plus à la surface du globe.

Ce furent des temps de travail intense pour la Terre. Les masses en fusion bouillonnaient et percèrent à travers la croûte. Les montagnes ainsi que les lacs et les rivières, se formaient pour être transformés à nouveau, à mesure que la Terre se tordait et luttait pour naître.

La chaleur du soleil et celle qui s'échappait des entrailles de la Terre se sont combinées pour former des vapeurs, puis des nuages, à mesure que la planète fumait sous l'évaporation des eaux. Durant cette période, la neige et la glace se sont retirées de l'équateur. La vie sur la surface de la Terre était impossible, elle ne pouvait exister que dans les eaux.

Des sons terribles accompagnaient la naissance de la planète. Celle-ci continuait son voyage vers le soleil et le réchauffement libéra de plus grandes surfaces, permettant aux formes de vie, maintenant multicellulaires, d'émerger des eaux et de se répandre sur la terre. La Terre gagnait, lentement mais sûrement, sa lutte contre les couches glaciaires, malgré plusieurs revers dus aux perturbations causées par les masses en fusion cherchant à se libérer et qui transformaient constamment la face de la Terre.

Les formes de vie terrestres ont subi leur plus grand changement au cours des six cent cinquante millions d'années qui suivirent. Le processus de refroidissement intérieur, ayant progressé rapidement, causait beaucoup moins de changements. Le réchauffement extérieur permit à la végétation de croître. Dans plusieurs cas, les formes unicellulaires étaient devenues amphibies.

La forme de vie multicellulaire était devenue une créature bisexuelle qui avait développé des glandes mâles et femelles. Elle s'était formée de telle sorte qu'elle pouvait maintenant se nourrir par une bouche, respirer par des poumons, voir où elle allait, etc. Même ses habitudes de reproduction se spécialisaient. Soit qu'elle avait adopté une nouvelle méthode de reproduction (la ponte des œufs), soit qu'elle ne s'était guère éloignée du simple système de division (par la naissance directe).

L'eau, un premier miracle

L'on sait que toute vie terrestre tire son origine des eaux. Pourtant, à un certain point dans leur évolution, certaines formes de vie ont dû s'habituer à vivre hors de l'eau, peut-être pour échapper à leurs ennemis, ou afin de chercher une nouvelle nourriture. Ces créatures ont dû nécessairement développer un cerveau et mettre au point un processus de pensée quelconque.

Au début, ce développement n'avait qu'un seul but : motiver le corps (les poissons, par exemple, possèdent un cerveau ; pourtant, ils sont incapables de penser). Ainsi, le premier développement du cerveau fut l'esprit conscient qui, encore aujourd'hui, remplit la même fonction que jadis : il motive le corps.

Comme nous nous intéressons principalement à l'espèce humaine, examinons-la à ses débuts. L'homme n'avait pas du tout la même apparence qu'aujourd'hui. Il atteignait à peu près la taille d'une petite espèce de singe. L'esprit conscient motivait remarquablement bien le corps et graduellement, l'homme sut dominer les autres espèces animales.

Le plus grand changement qui soit jamais survenu au cours de l'évolution de l'homme fut la séparation des sexes, désormais commune à toutes les formes de vie supérieures.

Les mâles perdirent peu à peu certaines glandes et les femelles se développèrent davantage. En tant qu'êtres bisexuels, ils possédaient à la fois un vagin et un pénis ; puis le pénis se développa chez le mâle et s'atrophia chez la femelle. Les organes reproducteurs féminins évoluèrent. La poitrine du mâle s'aplatit et celle de la femelle se développa. Des exemples de toutes ces transformations sont encore évidents aujourd'hui, alors que la séparation finale des sexes est toujours en cours et pourra prendre un autre demi-million d'années à se compléter.

Il est intéressant de constater que plusieurs espèces furent probablement poussées à sortir des eaux pour rechercher la sécurité sur terre, à cause du nombre important de créatures plus évoluées dans les eaux.

Ces formes de vie plus grandes, plus fortes et mieux orientées se nourrissaient de tout ce qui était comestible. Le requin et certaines autres espèces marines, bien adaptés à la vie dans les eaux, furent certainement influencés par le fait que leur taille leur permettait de se nourrir amplement des millions de créatures plus faibles qui étaient encore aux premières phases de leur développement. Ces formes plus faibles, furent *obligées* de développer un processus de pensée supérieure pour survivre. Les espèces les plus avancées, à l'époque, devinrent finalement les moins évoluées mentalement, puisqu'il ne leur fut pas *nécessaire* de développer leur capacité de penser.

L'évolution est progressive, jamais stationnaire. Il fallut près de trois cent millions d'années de développement avant d'atteindre le stade où certains êtres pouvaient vivre aussi bien sur terre que dans l'eau, comme certains escargots aujourd'hui.

Une fois que les formes de vie, comme les escargots dans le règne animal et les algues marines et les hépatiques (originellement une plante marine) dans le règne végétal, furent établies sur terre, le progrès de l'évolution s'est grandement accéléré au cours des trois cent cinquante millions d'années suivantes. Seules les espèces telles que l'étoile de mer et l'éponge (l'une et l'autre non comestibles) ne se sont pas développées. Par contre, la forme et la taille d'animaux tels les requins et les baleines se sont développées rapidement, selon leurs habitudes alimentaires. Ces espèces ont à peine évolué depuis, car aucun progrès mental ne fut nécessaire pour assurer leur survie. Diverses espèces ont même adopté des habitudes alimentaires différentes tout en suivant un développement corporel semblable.

L'évolution se corrige d'elle-même

Puis, il y a environ deux cent millions d'années, un autre grand bouleversement survint, qui causa de grands dommages et retarda sérieusement le développement des formes de vie terrestres, comme en témoignent les restes fossilisés qu'on découvre parfois dans les gisements de charbon.

La surface de la Terre était maintenant couverte d'immenses forêts et le sol était tapissé de végétation. On y retrouvait des mousses, des prêles géantes et des hépatiques. Il y avait des scorpions et des blattes et les libellules volaient dans les airs.

Puis, à la fin de l'ère paléozoïque, survint la période glaciaire et, une fois de plus, la surface de la Terre subit d'énormes changements. De grandes masses de terre sombrèrent au fond des eaux, des montagnes s'effondrèrent et de nouvelles montagnes apparurent. Des torrents de lave bouillonnante se répandirent sur de grandes étendues de terre et l'air fut pollué par les fumées et les gaz qui coupèrent les chauds rayons du soleil. La neige et la glace s'accumulèrent en couches de plus en plus épaisses et abondantes. Les glaciers furent formés et se dirigèrent vers l'équateur, balayant devant eux toute vie, sauf sur l'étroite bande équatoriale où certaines formes réussirent à se maintenir.

Il y a cent quarante millions d'années, les reptiles étaient les créatures les plus évoluées sur la terre et il fallut encore quatre-vingt millions d'années avant que les premiers mammifères apparaissent.

Parmi ces deux classes d'animaux, certains ordres ont atteint des proportions gigantesques, mais leur grande taille fut la cause de leur disparition. Ils devinrent trop volumineux pour coexister en harmonie avec la nature. Aussi, lorsqu'il devint trop difficile de nourrir leur masse énorme, ils disparurent.

Parmi les espèces plus petites qui se développaient à nouveau, se trouvait l'homme. Ainsi, il y a environ un million d'années, il commençait à s'établir sur la surface de la Terre. Mais une chose le distinguait de la majorité des autres espèces : les erreurs de l'évolution se corrigent d'elles-mêmes, en temps voulu par la nature. La taille énorme des dinosaures avait entraîné leur extinction. Elle commença à corriger cette erreur en mettant au point un cerveau plus avancé, qui devait contrôler et régulariser la taille du corps. Dans le cas de l'homo sapiens, ce cerveau s'est développé en deux parties, le

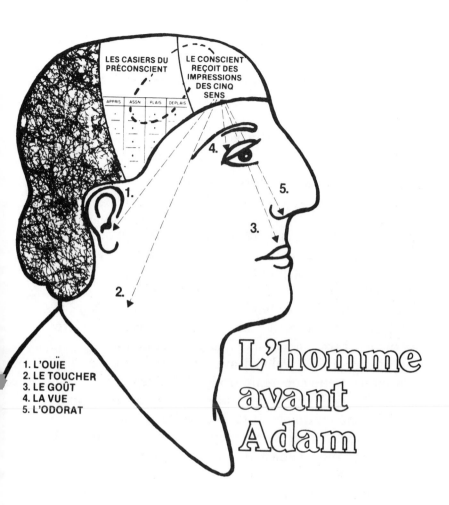

LES CASIERS DU PRÉCONSCIENT

LE CONSCIENT REÇOIT DES IMPRESSIONS DES CINQ SENS

APPRIS	ASSN	PLAIS	DEPLAIS

1.
2.
3.
4.
5.

1. L'OUÏE
2. LE TOUCHER
3. LE GOÛT
4. LA VUE
5. L'ODORAT

L'homme avant Adam

conscient, ou cerveau motivant et, plus tard, le préconscient, doué de la faculté de penser.

Cinquante mille ans av. J.-C., l'homme était très bien
établi en Europe, en Afrique et en Asie. Quoiqu'une
grande partie de la surface de la Terre fut encore
couverte de glace et de neige, les glaciers reculaient une
fois de plus vers le nord et vers le sud.

C'est ainsi que fut formée et peuplée la Terre, telle
que nous la connaissons aujourd'hui. L'homme dominait
sur la planète, ayant surtout développé sa capacité de
penser, plutôt que sa stature. À ce stade, il était à peine
plus avancé que les animaux qui l'entouraient, mais il
avait progressé au point qu'il avait trouvé de nouvelles
méthodes pour se procurer sa nourriture. Il avait évolué
d'une créature unicellulaire à un être multicellulaire et,
d'espèce bisexuelle, il était devenu une espèce hétéro-
sexuelle. Il ressemblait alors au premier homme de l'âge
de pierre : il était velu, il avait les bras longs, et il lui
restait peut-être encore un tronçon de queue, et ses seuls
intérêts étaient de manger, dormir, procréer et satisfaire
sa curiosité insatiable. Il tuait et se faisait tuer. Pas plus
que les autres espèces de son époque, il n'était capable de
distinguer entre le bien et le mal. N'étant pas conscient
des concepts du bien et du mal, il ne connaissait que le
plaisant et le déplaisant, la peur et le triomphe.

N'imaginez pas la grande multitude d'humains qui
peuplent la terre aujourd'hui, mais diverses tribus
nomades isolées, comme des groupes de singes. Il y avait
à la tête de chaque tribu, un mâle puissant, avec son
harem, qui gardait le groupe jalousement et le dominait
sans merci.

Le premier fils appelé « Adam »

C'est dans cet état que l'Esprit Infini trouva les terriens. Car le Souverain de l'Univers avait observé constamment le progrès de la vie sur Terre, comme sur toutes Ses autres planètes habitées. Dans la perspective de l'Infinité, le passage de plusieurs millions d'années était à peine perceptible. Le Maître était heureux de voir que la nature avait développé une forme de vie convenable au But universel, c'est-à-dire, une école de vie, un terrain propice, où l'esprit[1] pourrait apprendre diverses leçons afin de mieux accomplir son travail dans une dimension beaucoup plus évoluée, une fois qu'il aurait quitté son véhicule.

À cette fin, Il choisit un enfant mâle, appelons-le « Adam »; dans ce nouveau-né à l'apparence simiesque, Il plaça l'esprit, une petite portion de Sa propre substance, invisible, impérissable, éternelle. Ainsi, Adam devint le fils spirituel de Dieu. Sa forme animale était à l'image de ses parents animaux; il avait en lui toute la convoitise et l'avidité animale et instinctive voulues, avec pourtant une étincelle d'intégrité qui lui permettait de s'élever au-dessus de ses semblables. L'esprit ne fut pas donné à tous les enfants mâles sur terre, mais à un seul et il ne fut accordé à aucune femelle; seul Adam le reçut. Le Maître décida que, dorénavant, chaque enfant mâle né d'Adam et, par la suite, toute leur descendance mâle, naisse avec l'esprit en son sein.

De cette façon, la Terre fut graduellement peuplée d'êtres animaux-spirituels, *des êtres humains*.

Il faut noter que l'« Adam » dont on parle ici diffère quelque peu de l'Adam que mentionne Moïse, dans la

---

1. Dans le sens de « portion de la substance divine ».

Bible, car l'intellect humain, en cette fin du vingtième siècle, est capable de recevoir une version plus avancée des faits originaux. Aujourd'hui, la connaissance que l'homme a de la Terre est beaucoup plus vaste, la distance qui sépare les coins les plus reculés du globe est franchie en quelques heures.

Moïse a noté avec exactitude la généalogie de sa propre race, le peuple choisi par le Maître pour illuminer l'humanité entière, pour donner naissance à Son fils qui devait répandre la parole au reste de l'humanité, mais qui pourtant était destiné à être, avant tout, la Gloire d'Israël, celui qui devait enseigner aux Juifs.

L'Adam dont parle Moïse est une parabole du premier « Adam » (homme) spirituel, car la mentalité animale de l'humanité a besoin de se faire guider doucement et patiemment vers la compréhension, à travers des générations d'exemples et de démonstrations.

Historiquement, selon la Bible, l'Adam dont parle Moïse n'a vécu que quelques milliers d'années avant Noé et le déluge. Pourtant, à cette époque-là, l'homme spirituel avait déjà beaucoup évolué. En fait, l'homme avait pris soixante-dix mille ans à évoluer de sa forme simiesque à la forme humaine de l'Adam de Moïse.

Nous discuterons davantage de cette question dans d'autres chapitres. Ce serait s'éloigner du sujet principal que de s'étendre plus longuement ici. Les paraboles sont souvent la seule façon d'exprimer des idées universelles et elles ont été utilisées dans tous les écrits théologiques à travers le monde.

L'enfant Adam grandit, supérieur à la fois mentalement et physiquement, comme le révèle la Genèse (6:1-4):

« Lorsque les hommes (spirituels) commencèrent d'être nombreux sur la face de la Terre et que des filles leur furent nées, les fils de Dieu (héritiers d'Adam) trouvèrent que les filles des hommes leur convenaient et ils prirent pour femmes toutes celles qu'il leur plut. Yahvé dit : "Mon esprit ne demeurera pas indéfiniment dans l'homme puisqu'il est chair (animal) ; sa vie ne sera que de cent vingt ans". Il y eut des géants sur la terre en ces jours-là (hommes spirituels-animaux) ; et aussi par la suite, quand les fils de Dieu s'unissaient aux filles des hommes et qu'elles leur donnaient des enfants ; ce sont les héros du temps jadis, ces hommes fameux. »

Dans ces quelques lignes, Moïse a essayé de livrer à son peuple illettré l'histoire de l'évolution humaine : le Souverain de l'Univers prit l'homme alors qu'il n'était qu'une bête sauvage et le bénit en lui donnant l'esprit. Ces hommes « spirituels » devinrent plus puissants, surpassant les autres hommes « animaux » et même les filles de ces « hominiens » évoluèrent et devinrent meilleures grâce à la sagesse et à la conduite humaine de leurs pères. Les fils nés de ces unions étaient à la fois supérieurs physiquement et mentalement. Le Maître fut satisfait.

La renommée de ces « fils de Dieu » se répandit parmi ces hommes « animaux » qui n'avaient pas encore eu la chance de recevoir le pouvoir intérieur. On nous raconte comment les hommes spirituels-animaux prirent plusieurs femmes et comment leurs fils voyagèrent à travers le monde habitable, se mêlant aux femmes des autres tribus, de sorte que, finalement, d'une seule semence, la population mâle entière de la Terre devint spirituelle, possédant :

a) Un esprit conscient, qui reçoit les directives et y obéit.

b) Un esprit préconscient, capable de penser.

c) Un esprit spirituel, l'élément *humain*, ou humanitaire.

Ce n'est que soixante-dix mille ans après la naissance d'« Adam » que la Déité, contemplant le progrès de l'homme spirituel, vit qu'il avait besoin d'une compagne et ordonna que, dorénavant, une portion de l'esprit de l'homme soit attribuée à la femelle de l'espèce.

Ainsi, la femme fut également bénie de l'esprit et depuis, elle s'est élevée d'une position d'esclave subordonnée à l'homme à son présent statut, la partenaire et l'égale de son compagnon.

Le Maître souhaite présentement transmettre son Message tout particulièrement à la femme, car c'est à elle qu'incombera la grande responsabilité de former les générations futures et d'établir l'humanité... Son Royaume sur Terre.

Chapitre 2

L'AVÈNEMENT DE LA CONSCIENCE

La peur et le plaisir

Afin de mieux saisir la relation complexe entre le corps et l'esprit, il est essentiel que nous comprenions le fonctionnement individuel de chacun et la relation entre les trois « esprits »[1] dans l'être humain.

Le premier à s'être développé au cours de l'évolution, l'esprit conscient[2] a pour seule tâche d'animer le corps. Il n'a pas la faculté de penser. Ses fonctions ont peu changé depuis le début. Avec le développement ultérieur de l'esprit préconscient, un lien ou un système de communication pour la transmission des messages entre les deux dut être mis au point. L'Esprit conscient transmet les impressions reçues des cinq sens à l'esprit préconscient qui, après les avoir fait passer par un système d'analyses assez complexe, renvoie ses ordres au conscient quant à

---

1. Voir le lexique.
2. On dit aussi « le conscient ».

l'action à effectuer et emmagasine ces impressions pour pouvoir s'y référer à l'avenir.

Si le cerveau conscient est traumatisé, le système de communication est rompu et le préconscient ignore ce qui se produit dans les centres nerveux du corps. N'étant pas doué du processus de la pensée, l'esprit conscient est incapable de ressentir. Il ne fait que relayer les messages, puis agit selon les ordres qu'il reçoit des deux autres « esprits ». Le troisième esprit, l'esprit spirituel, se situe dans la partie du cerveau que l'on appelle le subconscient.

L'esprit préconscient de l'espèce humaine est l'œuvre maîtresse de l'évolution. Originellement développé pour « aider » l'esprit conscient, il apprit à emmagasiner les impressions, prenant ainsi la direction du conscient. Cette capacité de raisonnement supérieur permit à l'homme de surpasser ses ennemis et fit de lui le roi du règne animal. Son but originel était de prendre en main le travail routinier (le battement du cœur, la respiration, etc.) pour laisser à l'esprit conscient une plus grande acuité et célérité de perception, à travers les cinq sens. À l'époque, l'espèce humaine était souvent la proie favorite d'espèces plus fortes et plus grandes qu'elle.

L'esprit préconscient de l'enfant s'éveille avec son premier cri et, dès ce moment, commence le système complexe de classement et d'association des impressions reçues.

Avant Adam, le processus de pensée de l'homme animal était celui de n'importe quel autre animal intelligent. Il faisait ce qu'il aimait, mangeait lorsqu'il avait faim et dormait lorsqu'il était fatigué. Il chassait et tuait ses ennemis, qu'ils soient de son espèce ou d'une autre. S'il voulait une femme, il la prenait, pourvu qu'il puisse vaincre ses concurrents. En d'autres termes, il vivait comme les autres animaux, selon les lois de l'évolution et de l'instinct, de la vie et de la mort, de la survivance du plus adapté mentalement et physiquement. Défier la loi de la nature aurait causé l'extinction de son espèce.

De nos jours, le processus de pensée de l'homme animal ne diffère guère de ce qu'il était avant Adam, sauf que ses méthodes sont plus subtiles et plus sournoises.

La peur, une des principales motivations animales, souvent classée à tort comme une émotion, est le moyen dont la nature se sert pour protéger l'homme, pour le pousser à évoluer.

Même avant que les créatures bisexuelles quittent les eaux, elles avaient développé un sens d'autoprotection. Qu'est-ce que la peur sinon l'impulsion animale qui nous pousse à fuir ? Sans un sens de préservation de soi bien développé, l'homme aurait bien pu disparaître.

La *peur* est animale. Les lapins, par exemple, peuvent être totalement paralysés par la peur à l'approche d'une hermine. En faisant siffler son fouet au-dessus d'un attelage de chiens, l'homme peut les inciter à un effort frénétique, en ne faisant que produire le *son* de la douleur. Chez l'homme, cette force de motivation puissante est habituellement prioritaire dans son casier mental, sous la rubrique marquée « déplaisante ».

De même, le *plaisir* est animal et prioritaire dans le fichier mental marqué « plaisant ». Le sexe et toutes les plaisanteries et allusions qui s'y rapportent, la nourriture, les sensations d'excitation et de satisfaction de soi-même, sous toutes ses formes, y sont comprises.

Tout cela est simple et naturel et l'instinct animal fonctionne exactement comme la nature le veut.

Au cours des siècles, les goûts de l'homme à cet égard ont peu changé; au fond, il fonctionne selon les mêmes principes que lorsqu'il ressemblait au singe.

Ainsi, les fichiers du préconscient seront remplis d'associations et d'informations plaisantes, déplaisantes et neutres, de tous les degrés et nuances imaginables. La nature, toujours soucieuse de la procréation et de l'évolution, a fait du sexe une motivation majeure de l'esprit préconscient, comme le démontrent clairement les six stades de développement sexuel de l'homo sapiens :

1) Le stade oral : être nourri au sein.
2) Le stade anal : contrôle de la vessie et des intestins.
3) Le stade phallique : développement de sentiments puissants envers le parent du sexe opposé.
4) Le stade auto-érotique : affection pour soi-même.
5) Le stade homosexuel : attraction envers son propre sexe.
6) Le stade hétérosexuel : l'âge adulte.

L'animal intelligent

À compter de sa naissance, le petit de l'espèce humaine, à l'instar de tout autre animal intelligent, remplit les compartiments de son classeur mental en formant les associations qui refléteront son comportement adulte.

L'enfant est-il piqué par une épingle? Le système nerveux transmettra instantanément ce signal à l'esprit préconscient. Analysant rapidement la situation, le préconscient enregistre cette sensation comme « déplaisante », tout en renvoyant le signal : « C'est déplaisant, crie à tue-tête ». Maman réconforte, embrasse, caresse, apaise et offre peut-être un bonbon. Le toucher, le goût, la vue et l'ouïe sont stimulés. Le conscient transmet ces messages, le préconscient répond : « Cette attention est plaisante, souris et cesse de pleurer ». Dès ce moment, l'association « crier » et « attention » s'inscrit invariablement dans le classeur mental. Les expériences ultérieures pourront démontrer que même sans aucun stimulus douloureux, « crier » apporte toujours de l'« attention ». Ainsi, chaque fois que cette formule sera répétée avec succès, l'habitude se formera et deviendra de plus en plus difficile à briser.

L'esprit comprend plus facilement une association si elle est formée avec l'utilisation de plusieurs sens. Par exemple, maman (plaisant) fait quelque chose qui sent bon, qui est rond et doré. Maman l'appelle « tarte aux pommes ». Le préconscient agile apprendra rapidement à associer les mots « tarte aux pommes » et « plaisant ». Plus tard dans la vie, il peut, par son système très complexe d'embellissement de ses associations, aboutir à l'idée bien établie dans son fichier : « Il n'y a pas de tarte meilleure que celle que ma mère faisait ».

Aucun esprit préconscient ne possède une éthique meilleure qu'une autre. La chair ne sait rien de la morale ; l'esprit préconscient est formé au moyen des associations (bonnes ou mauvaises), exactement comme on dresse un chien. Certains ont une plus grande capacité d'absorption ; c'est ce que nous appelons un quotient intellectuel élevé, mais ils ne sont ni meilleurs, ni pires que leurs semblables, lorsqu'il s'agit de distinguer entre le bien et le mal.

Les Africains, par exemple, ont des pouvoirs d'absorption égaux à ceux de n'importe quel homme, mais comme on leur enseigne un ensemble d'associations totalement différent, les normes établies sont incompatibles avec celles des Européens. Ainsi, nous trouvons des écarts culturels un peu partout à travers le monde, mais c'est un non-sens de dire : « Mes normes sont supérieures aux siennes », chacun est incapable d'apprécier les associations animales préconçues de l'autre. C'est pourquoi l'homme comprend mal son semblable et s'en méfie.

Les plaisanteries verbales sont drôles et ont du sens entre les gens d'une même culture, à cause des associations d'idées qu'elles suscitent dans le préconscient. Certains mots évoquent des images différentes, selon l'éducation de chacun, alors que les images érotiques sont comprises dans le monde entier parce qu'elles font appel au sens visuel qui est commun à toutes les cultures. Dans les deux cas, l'idée générale est de toucher ces associations animales de sexe, la rubrique la plus commune du fichier mental « plaisant », donnant ainsi un plaisir charnel à l'animal.

Des erreurs sont commises dans n'importe quel domaine parce qu'elles procurent une satisfaction animale ou provoquent de plaisantes associations d'idées. On peut vraiment dire que la nourriture d'un homme est le poison d'un autre, si leur expérience vécue diffère.

Le talon d'Achille : l'ego

Par-dessus tous les instincts animaux, l'homo sapiens possède celui de la conservation qui se manifeste par l'amour de soi et la volonté personnelle ; l'ego est cet ingrédient de la structure charnelle qui transforme les impressions véritables reçues dans le préconscient pour les adapter à ses propres fins. L'ego peut faire de l'homme le plus faible un géant à ses propres yeux. Il est à la racine des erreurs de pensée de l'humanité, car il est l'élément du cerveau qui filtre les faits, les censure et les déforme pour que la vérité cadre mieux avec son image de la réalité.

L'ego est le facteur animal qui justifie ses imperfections ; c'est le talon d'Achille de l'homme. Il ne cesse de lui répéter qu'il a raison et que les autres ont tort, soit qu'il refuse simplement d'accepter que son raisonnement puisse être erroné, soit qu'il réarrange les faits pour les rendre conformes à ses propres associations préalables. C'est la base de toute rêverie et qui ne s'est jamais laissé aller à une telle évasion ? L'intérêt personnel est cette partie submergée de l'iceberg qui détruit indifféremment les individus, les mariages et les nations, et fait paraître la conquête de l'espace si désirable.

Chacun est conscient de sa propre importance et l'individu n'a aucune difficulté à aimer ceux qui sont d'accord avec lui et à ne pas aimer ses ennemis, réels ou imaginaires. Il apprécie ceux qui flattent l'ego et fait peu de cas de ceux qui dénigrent l'image si importante qu'il a de lui-même.

L'homme se moque des autres, tant à un niveau individuel qu'à l'échelle nationale, l'inférence étant : « Je suis meilleur que lui ! » On ne dit pas cela aussi crûment, bien sûr, mais de façon insinuante, par des allusions et des remarques sournoises.

L'ego de l'homme charnel se dit : « Ce que je veux, je l'obtiendrai (en volant subtilement s'il le faut) ; je me prouverai que je suis capable de ne pas être découvert, personne ne le saura ». Il ne s'agit pas nécessairement ni uniquement du vol de biens matériels, quoique les larcins soient courants de nos jours, que ce soit l'homme d'affaires qui essaie de tromper le percepteur d'impôts ou l'employé qui s'approprie un stylo.

Les vols matériels ne constituent qu'une infime partie du vol que commet l'esprit préconscient, souvent inconscient. Il peut convoiter l'attention et se justifier par des excuses ; l'adultère en est un exemple frappant.

L'ego convoite le plaisir des autres. Il prend un malin plaisir à voler (ou à rehausser son prestige) en dépréciant les autres en pensée, en mots ou en action, enrobant adroitement le tout de sarcasmes ou de gentillesse, pour paraître magnanime. Mais ce ne sont que des excuses! C'est ce que les femmes appellent des rosseries, et elles sont souvent les pires coupables.

L'intérêt personnel se nourrit d'excitation et ne se soucie pas des autres. Conduire une automobile de façon imprudente est irresponsable, par exemple, voilà qui exalte l'ego: «Vois comme je suis audacieux, quelle maîtrise je possède, combien mes prouesses sont extraordinaires comparées à celles des autres conducteurs!»

Mais c'est aussi un mouton de Panurge qui déguise sa lâcheté: «Bien que je ne sois pas d'accord avec mes compagnons, si je m'oppose à leur idée, ils vont penser que je suis une poule mouillée; alors je vais faire comme eux. Je prouverai ma supériorité en étant encore plus extrémiste, ils verront que je suis brave et intelligent et ils m'admireront! Quelle sensation merveilleuse...»

L'ego est méfiant; son intellect possessif craint toujours de se faire voler, ou de voir s'il existe un pouvoir supérieur au sien. Ainsi, il s'échafaude tout un système pour s'expliquer ce qu'il ne peut comprendre ou associer à l'intérieur de son expérience limitée.

À la mort d'une personne qui lui est chère, le préconscient admettra rarement que la mort est le résultat d'une violation de la loi naturelle. Il se demandera plutôt: «Pourquoi Dieu *m'a*-t-il fait subir cette épreuve terrible?»

Dieu, bouc émissaire

La nature punit toute violation de ses lois, non pas vindicativement, mais parce que notre chair est gouvernée par cette loi. L'humanité est régie par la loi de la société, la loi de la nature et la loi de l'esprit. Chacune punit l'infraction selon le degré de l'offense.

Couvrez vos yeux. En empêchant la lumière de se rendre à la rétine, vous interrompez un processus naturel. Sachant qu'une fois cette erreur corrigée, vous retrouverez la vue, vous n'allez pas imaginer que Dieu vous a rendu aveugle. Si vous vous coupez, vous allez saigner. La loi de la nature dit que la peau doit demeurer intacte ; la violation de cette loi entraîne une conséquence logique. Violez une loi naturelle en vous blessant gravement, ou en laissant des organismes étrangers attaquer votre corps et la mort animale est automatique. C'est simple.

L'homme animal est matière. La nature décrète qu'à son tour, il servira un jour de nourriture aux autres formes de vie, comme il s'est nourri d'elles. La matière est périssable.

Dieu est Esprit et éternel. L'esprit de l'homme reflète son Créateur.

Est-il logique de dire que la mort est la volonté de Dieu? C'est une vue de l'esprit facile et acceptable. Le préconscient doit se trouver un bouc émissaire pour excuser ses propres imperfections, pour justifier l'étroitesse de ses propres concepts et associations erronées, pour tenter d'expliquer ce qu'il ne peut comprendre.

Il est donc évident que les associations emmagasinées dans les fichiers du préconscient peuvent être erronées. Le processus de pensée charnel est sujet à l'erreur, puisqu'il fausse les faits pour les accorder avec ses propres idées.

Nous pourrions prendre dix hommes possédant tous une perception sensorielle aiguisée et un esprit sain, leur montrer la même scène et leur demander ensuite de décrire leurs impressions. Nous aurions dix histoires très différentes, car chacun verrait ce qu'il *veut* voir et les dix expériences et associations mentales seraient distinctes. Dans une scène pastorale, le poète tomberait en émoi devant le coucher du soleil ; un fermier remarquerait le bétail ; l'arpenteur noterait le contour des lieux ; un bédouin observerait l'abondante végétation ; l'architecte serait fasciné par la forme des édifices et le naturaliste apercevrait un rare spécimen de faune sauvage.

Mais bien que l'on puisse clairement voir avec quelle facilité l'esprit charnel peut former des associations erronées, il est bien plus difficile de convaincre l'ego de l'admettre. Il lui est plus facile de crier : « Tuez l'arbitre ! »

Ce genre de réaction produit à la longue un préconscient débordant d'associations erronées tellement enchevêtrées que la racine de l'erreur est complètement cachée sous un amas embrouillé de références mal classées, colorées et agencées de façon à flatter l'amour-propre de l'individu.

Et le bien? et le mal?

La société actuelle reconnaît bien le fait que deux hommes peuvent regarder une situation de deux points de vue complètement différents, bien qu'ils possèdent tous deux les mêmes données. L'intérêt personnel de chacun le rend aveugle au point de vue de l'autre. C'est pourquoi il y a des avocats, des juges, des comités de conciliation, etc., tous superflus dans le Royaume de Dieu qui est dans l'Éternité. Ils seront finalement superflus sur Terre lorsque les plans du Maître pour les terriens se réaliseront. Quelqu'un a-t-il dit que c'était *impossible*? L'électricité était également chose impossible, à l'époque où l'homme s'éclairait à la chandelle. La science ne trouvera jamais la réponse. Notre seule solution, c'est de développer notre *pouvoir intérieur*.

L'esprit de l'homme animal est animal. Comme il était au commencement, comme il l'est maintenant et le sera à jamais, intéressé uniquement à son propre bien-être. Ce n'est pas « mal » ou « mauvais » ; ces choses-là n'existent pas. Mais l'esprit de l'homme pense simplement, comme tout autre animal, c'est-à-dire, instinctivement, selon la loi de la nature qui a veillé à son développement.

Ne comprenant que le « plaisant » et le « déplaisant », il est incapable de saisir la différence entre le bien et le mal. La peur, l'ego et le sexe sont différentes façons de protéger et de propager l'espèce. Plus ses instincts le dominent, plus l'homme est soumis à la chair et moins il a de valeur spirituelle.

Le fait que la plupart des gens croiront, en lisant ces lignes, qu'elles ne s'appliquent pas à eux, prouve jusqu'à quel point on est aveugle. Plusieurs auront immédiatement pensé à tous ceux à qui cette description convient beaucoup mieux qu'à eux-mêmes. Frères et sœurs, c'est votre ego qui travaille d'arrache-pied pour se justifier. Chacun a, en lui, une partie animale ; il n'y a pas d'exception.

Le cas de Philippe et de Samuel, deux personnes les plus plaisantes que l'on puisse rencontrer, en est un bon exemple.

Philippe était l'aîné des deux frères et avocat de profession. Il possédait une belle maison, il avait une femme charmante et une belle famille.

Samuel, de dix ans son cadet, avait à peine quatorze ans lorsque leurs parents moururent. Il était joyeux et insouciant. Il s'essaya à plusieurs emplois, puis décida de voyager et de voir le monde. Aussi, il s'engagea dans la marine et fut affecté outre-mer. Les deux frères s'écrivirent régulièrement et, à l'occasion, Phil glissait dans sa lettre un billet de dix dollars, afin de s'assurer que son jeune frère puisse s'amuser.

Puis, Samuel rencontra Christine et parla à Phil de sa merveilleuse fiancée. Celle-ci, une belle fille blonde, était institutrice. Elle vivait avec sa mère et ses deux frères. La mère avait réussi à donner une bonne éducation à ses enfants, malgré des difficultés financières. Hans, l'aîné, était maintenant médecin et Max, vétérinaire. Christine était une cuisinière extraordinaire et une excellente maîtresse de maison. Samuel a vite compris qu'il avait rencontré la femme de ses rêves et ils se marièrent juste avant son retour.

Chez son frère, ce fut la fête. Élisabeth, la femme de Philippe, installa ses enfants dans une plus petite chambre et prépara la leur, qui était plus grande, pour les invités.

Les semaines passèrent. Puis un soir, Samuel dit à Philippe : « Je veux quitter l'armée et reprendre mes études. Christine et moi en avons parlé et je vois bien que j'ai été stupide de les abandonner si tôt. Aussi, avons-nous décidé qu'elle se trouverait un emploi pour me permettre d'étudier. Elle veut que je sois médecin comme son frère. Nous nous demandions si nous pourrions demeurer chez vous jusqu'à ce que j'aie obtenu mes diplômes ».

« Je suis tout à fait d'accord ! » répondit Philippe. « Buvons à la santé du Dr Samuel... »

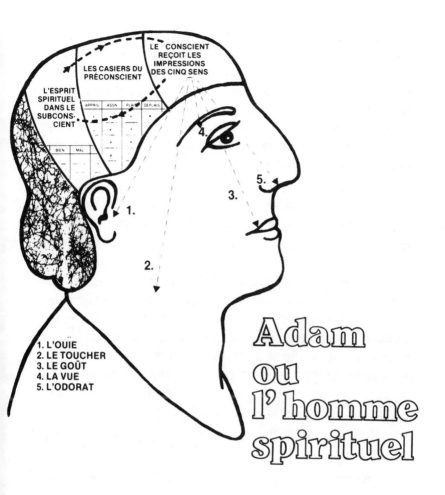

LE CONSCIENT
REÇOIT LES
IMPRESSIONS
DES CINQ SENS

LES CASIERS DU
PRÉCONSCIENT

L'ESPRIT
SPIRITUEL
DANS LE
SUBCONS-
CIENT

APPRIS	ASSN	PLAIS	DEPLAIS

BIEN	MAL

1.
2.
3.
4.
5.

1. L'OUÏE
2. LE TOUCHER
3. LE GOÛT
4. LA VUE
5. L'ODORAT

Adam
ou
l'homme
spirituel

Pendant ce temps, les femmes causaient dans la cuisine : « Je déteste voir un homme essuyer la vaisselle ! » disait Christine en essuyant furieusement une assiette. « Chez nous, les hommes ne s'en occupent pas. Bien des choses sont différentes, là-bas. Les enfants sont plus tranquilles et, à l'école, les professeurs obtiennent une obéissance totale. Je ne laisserais jamais mes enfants me parler comme les tiens le font, Élisabeth. »

Élisabeth demeura silencieuse, soudain consciente de ce que les enfants faisaient vraiment un vacarme infernal et que les traces de boue sur le plancher de la cuisine devaient sauter aux yeux de Christine, si pointilleuse à cet égard.

Chaque matin, lorsque Philippe partait pour son bureau et Samuel à l'université, leurs femmes avaient le temps de prendre une tasse de café avant que Christine se rende à l'école où elle enseignait. Un matin, la jeune mariée reçut un gros colis. Il contenait le service de porcelaine le plus délicat qu'Élisabeth eût jamais vu. « Nous l'avons acheté pour notre mariage, avant de quitter l'Europe », expliqua Christine.

« Il est de toute beauté ! » dit Élisabeth, émerveillée.

Huit mois plus tard, Christine en larmes entrait brusquement dans la cuisine et remettait à Élisabeth le magnifique service de porcelaine en lui annonçant qu'elle laissait Samuel et retournait dans sa famille.

Cette nouvelle frappa Philippe et Samuel de stupeur, mais non pas la douce et intuitive Élisabeth, qui avait vu la situation se développer, mais qui avait été impuissante à convaincre son mari, si sûr de lui et à lui faire voir l'erreur qu'il commettait. Philippe avait toujours raison.

Élisabeth et Philippe s'étaient rencontrés à l'université. Il était bon étudiant, bel homme, admiré. Le petit

Samuel était un bon petit garçon; à cette époque, il accompagnait Philippe lorsque le jeune couple rendait visite à leurs parents. Selon sa mère, Samuel était un peu délicat, moins brillant que son frère; il avait par conséquent besoin davantage d'attentions maternelles.

Lors de sa dernière maladie, M. Blanchard avait demandé à Philippe : « Prends bien soin de Samuel, mon fils, comme ta mère le ferait ». Phil, homme pratique et matérialiste, fit de son mieux. Il était toujours prêt à écouter son cadet, avec sympathie, à le tirer d'affaire ou à lui prêter de l'argent lorsque Samuel en avait besoin. Plus tard, il fut outré d'apprendre que les supérieurs de Samuel avaient critiqué son comportement; il lui écrivit : « Oublie tout ça; ils sont tous des minables; va, sors et amuse-toi ! »

Philippe n'a jamais pu voir que son ego prenait plaisir à se faire admirer par Samuel et que cela lui donnait un sentiment d'*importance*. Il rejetait tous les conseils d'Élisabeth, les traitant de sottises féminines. D'ailleurs les femmes ne comprennent rien à la vie, n'est-ce pas? Que gagnerait Samuel à considérer le point de vue des autres? Une motivation désintéressée? Pourquoi Élisabeth lui avait-elle dit que ce n'était pas juste de faire croire à Samuel qu'il pouvait réussir sans peine et sans difficulté; n'avait-il pas réussi lui, haut la main? Et puis, y avait-il du mal à entraîner Samuel au club, de temps à autre, pour se détendre. Cela n'avait pas de répercussion sur le budget familial et Élisabeth n'en souffrirait pas non plus, alors pourquoi s'en souciait-elle?

Mal à l'aise sur sa chaise, Phil dit finalement : « Ma faute, à *moi*, Élisabeth? Tu n'es pas sérieuse; je ferais n'importe quoi pour mon frère ! N'ai-je pas été un bon mari et un bon père de famille? (Celui qui essaie de se justifier cherche toujours à changer de sujet). Non, c'était la faute de Christine. Quitter un bon gars comme Samuel! Et Samuel est d'accord avec moi. Nous en avons parlé. Nous, les hommes, nous devons nous soutenir dans de telles circonstances!»

Pendant ce temps, Hans, Max, et leur mère écoutaient l'histoire de Christine, adoptant son point de vue d'un commun accord: «Je ne suis pas responsable».

Pas responsable, Christine, la perfectionniste? Christine la pointilleuse, élevée dans un milieu où la vue d'un homme lavant la vaisselle était totalement contraire à l'image qu'elle se faisait de la masculinité, où Hans, l'aîné de la famille, se consacrait à son travail, avec dignité et sérieux.

Emportée par ses fantaisies, Christine n'avait pas vu Sam tel qu'il était mais seulement avec tous ses traits aimables et charmants, plus (lorsqu'elle l'aurait changé et amélioré) toutes les qualités admirables de Hans, qualités inaccessibles à Sam, totalement étrangères à son éducation et à son caractère de base.

Dans les rêveries de Christine, le service de fine porcelaine représentait le statut social, ce qui était peu réaliste car le couple n'avait pas encore de logement et n'était pas complètement indépendant financièrement. Pourtant, Christine se permettait de critiquer la façon dont Élisabeth élevait sa famille, incapable de s'imaginer que ses propres enfants seraient semblables.

Sa personnalité dominatrice l'obligeait à nourrir son ego d'images qui plaisaient à son imagination. Ces images furent aisément transférées à la mentalité impressionnable et dépendante de Samuel qui avait absorbé facilement, par le passé, les idées de Philippe.

Sam n'aurait jamais entrepris de lui-même quelque chose d'aussi ambitieux que des études universitaires. Il ne l'avait fait que pour plaire à sa femme. Il avait donc accueilli avec plaisir les diversions que son frère lui proposait pour se « détendre ». Lorsque ses notes furent inférieures aux normes que Christine s'était fixées, il perdit tout prestige à ses yeux. L'annonce d'une grossesse les prit complètement au dépourvu, en les ramenant à la réalité.

Ni l'un ni l'autre ne pouvait y faire face ; ni l'un ni l'autre ne voulait faire face à la vérité, car elle déplaisait à l'ego. La réalité c'était que Samuel accepte ses responsabilités et se trouve une situation modeste, selon ses capacités et que Christine sacrifie sa position sociale et adapte ses rêves aux aptitudes et capacités de son mari. Pourtant, il aurait été difficile de trouver un couple plus charmant.

Peut-on dire la Vérité?

Beaucoup diront : « Je *ne veux pas* comprendre ce livre ; il va me dire d'être bon et je ne veux pas m'améliorer. Je m'apprécie tel que je suis ; je m'aime tel que je suis. » Pourtant, l'animal est curieux. Afin de *prouver* la supériorité de ses propres méthodes de raisonnement et de démontrer qu'une orientation matérialiste est un signe de sagesse, il doit nier tout argument théologique qui proclame qu'une orientation charnelle est mortelle. La chair est soumise à la loi de la nature, non pas à la loi de l'Univers. Ainsi, lorsque l'esprit charnel professe sa sagesse, il ne fait qu'admettre sa propre sottise. Saint Paul explique ceci dans son épître aux Romains (8: 1-9) :

> « Donc pas de condamnation désormais pour ceux qui vivent dans le Christ Jésus, qui ne vit pas selon la chair

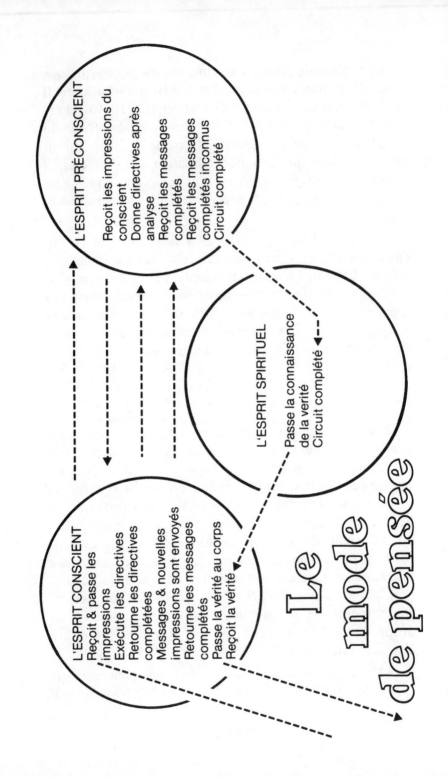

L'ESPRIT PRÉCONSCIENT

Reçoit les impressions du conscient
Donne directives après analyse
Reçoit les messages complétés
Reçoit les messages complétés inconnus
Circuit complété

L'ESPRIT SPIRITUEL

Passe la connaissance de la vérité
Circuit complété

L'ESPRIT CONSCIENT

Reçoit & passe les impressions
Exécute les directives
Retourne les directives complétées
Messages & nouvelles impressions sont envoyés
Retourne les messages complétés
Passe la vérité au corps
Reçoit la vérité

Le mode de pensée

mais selon l'esprit. En effet, la loi de l'esprit qui est celle de la vie dans le Christ Jésus m'a libéré de la loi du péché et de la mort. Car ce que ne pouvait la loi, parce qu'elle était impuissante à cause de la chair, Dieu l'a fait : en envoyant son propre fils dans une chair semblable à celle du péché et pour le péché, il a condamné le péché dans la chair, pour que la justice prescrite par la Loi s'accomplisse en nous qui nous conduisons non selon la chair, mais selon l'esprit. Ceux, en effet, qui vivent selon la chair ont des aspirations d'ordre charnel ; ceux qui vivent selon l'esprit en ont d'ordre spirituel. C'est que la chair aspire à la mort ; l'esprit, au contraire, aspire à la vie et à la paix. Aussi, les aspirations de la chair sont-elles hostiles à Dieu ; elles ne sont pas soumises, en effet, à la loi de Dieu et même ne peuvent pas l'être. Ceux qui relèvent de la chair ne peuvent donc plaire à Dieu. Quant à vous, vous relevez non de la chair, mais de l'esprit, si vraiment l'Esprit de Dieu réside en vous. »

L'esprit préconscient charnel des chefs religieux à l'époque de Jésus ne pouvait pas comprendre. Pilate a trouvé Jésus innocent. Les pharisiens ont vu en lui quelque chose qu'ils ne pouvaient comprendre ; leur esprit animal ou préconscient a déformé les faits pour qu'ils cadrent mieux avec leur amour-propre. Cet homme osait les frapper au point le plus sensible, au plus profond de leur ego et ils se sont écriés : « Détruisez ce que nous ne pouvons comprendre, il *doit* blasphémer, car nous n'avons aucune association préalable qui nous permette de classer cette nouvelle information et nous haïssons ce que nous ne pouvons comprendre ».

« Comment peut-il dire la Vérité ? Car s'il dit la Vérité, notre connaissance doit être moindre que la sienne. Nous ne pouvons accepter cela. Nous ne pouvons admettre qu'un homme soit meilleur que nous. Notre réputation est en jeu. Crucifions-le ! »

Chapitre 3

LE POUVOIR INTÉRIEUR

Où est situé l'esprit dans le corps humain ?

En regardant l'infime partie de l'univers visible depuis notre planète, on peut comprendre à quel point la fatuité de l'homme est risible lorsqu'il croit être la forme de vie la plus évoluée de l'univers. En réalité il est comme une fourmi, croyant que rien n'existe au-delà de ce qu'il peut voir du haut de sa propre petite colline.

La composition de la matière minérale, végétale et animale nous est familière, car ce sont des choses qu'on nous a enseignées à reconnaître avec nos cinq sens physiques. La matière est tangible et explicable et quel plaisir nous éprouvons à sonder les secrets de la nature de cette façon.

Si nous disséquions la tête d'un cadavre humain, nous ne pourrions trouver aucun endroit où l'esprit spirituel aurait pu loger. Pendant la vie, son pouvoir imprègne notre être entier et, à son départ, il ne laisse aucune preuve tangible de ce que cette créature, l'homo sapiens, ait été autre chose qu'un produit du royaume animal.

Il y a longtemps, l'homme croyait que le foie était le siège des émotions ; aujourd'hui, les cartes de la Saint-Valentin nous disent qu'il s'agit du cœur, bien que nous sachions parfaitement que ces organes, comme tous les autres, agissent selon les ordres qu'ils reçoivent du cerveau. Par conséquent, lorsque nous parlons de l'esprit spirituel, nous parlons d'un pouvoir intérieur qui n'est pas physique. Mais puisqu'il exerce son influence sur l'esprit charnel, comme nous l'avons décrit, la tête semble être un endroit aussi propice qu'un autre où le localiser pour expliquer le processus de la pensée spirituelle.

Ailleurs dans l'univers

L'esprit n'est pas limité à l'homo sapiens. Certains types d'animaux sur d'autres planètes font partie de la Famille universelle et ils ont été bénis par le Maître qui leur a donné l'esprit.

Les conditions de vie sur chacune de ces planètes, atmosphère, température, etc., ont dirigé l'évolution des formes de vie qui y existent, et selon toute probabilité, les résultats de cette évolution ont produit des spécimens dont l'aspect extérieur diffère de celui de l'espèce humaine. Pourtant, l'esprit qui habite ces créatures est le même que celui de l'homme, pur et incorruptible.

Si la Déité n'avait pas accordé à l'homme un processus de pensée sublime, nos instincts animaux seraient la seule règle de conduite qui régirait notre comportement. Le plus agressif dominerait et le plus faible serait réduit à l'esclavage et à la servitude, comme c'était le cas au début des temps où l'esprit a été donné à l'homme.

L'esprit spirituel s'oppose diamétralement à l'esprit animal. Il ne cherche jamais son intérêt personnel, il cherche à servir les autres. Il ne peut penser et agir que vertueusement, avec intégrité. Il est fier de savoir qu'il accomplit la volonté de la Déité au mieux de ses capacités.

Lorsque l'on a développé son pouvoir intérieur, on possède toutes les richesses. Par conséquent, on ne cherche à acquérir pour le moi animal que ce qui est nécessaire au bien-être du corps; on ne désire rien de superflu. L'esprit de chaque individu ne cherche qu'à aider ses frères spirituels à atteindre cet état de contentement suprême.

L'esprit participe aux décisions

Celui qui est guidé spirituellement ne passe pas sa vie à errer dans le doute, mais il poursuit sa route vers le sommet avec une confiance tranquille, toujours prêt à partager ce rayonnement de connaissance avec les voyageurs moins fortunés. Celui qui possède le pouvoir intérieur n'est jamais trop fier pour « laver les pieds » de ceux qui tombent en cours de route, pour secourir « l'un de ces plus petits » et ainsi, le servir.

L'humanité doit reconnaître que tous les bienfaits que la race humaine a reçus depuis l'époque d'Adam sont le résultat direct de l'intervention divine. Le progrès social de l'homme n'est pas issu de la connaissance animale, mais de l'imitation de la vraie sagesse de l'esprit spirituel.

Jésus-Christ est venu montrer à l'humanité que nous possédons tous une parcelle de la Substance divine, qui n'a rien à voir avec le corps physique de l'homme dont on se sépare à la mort et qui peut être disséqué et analysé chimiquement. Le Maître, commençant avec Adam, a donné à chaque mortel un esprit, une étincelle de Lui-même, de Son Pouvoir, invisible à l'œil.

Dieu n'a ni bras, ni jambes, ni forme animale. Ce n'est pas le *corps* qui est à Son Image, c'est le pouvoir infini et pur de Sa Présence divine en nous, la promesse de l'immortalité.

Avant de recevoir l'esprit, l'humanité avait, comme nous l'avons expliqué, un conscient et un préconscient capable de discerner le plaisant et le déplaisant et d'emmagasiner des connaissances. Néanmoins, le niveau atteint à ce moment par l'évolution, était entièrement animal. Puis vint Adam, qui possédait non seulement un conscient et un préconscient, mais aussi un esprit [1] et qui fonctionnait de la façon suivante : les impressions captées par les cinq sens sont transmises au préconscient qui les examine et les fait passer par tout le système de classement des associations préalables, les analyse, les classe aux fins de référence et ordonne d'agir.

S'il n'est pas encombré et s'il fonctionne librement, l'esprit spirituel participe aux décisions, puisqu'il est alors capable de s'adresser librement et directement au conscient. Mais il rencontre une désespérante confusion quand le circuit du message s'achève par le préconscient, la seule voie de retour possible. Celui-ci est tellement perdu dans ses propres modes de pensée erronés qu'il se saisit du message et prétend que cette pensée est la sienne.

Imaginons par exemple, que la caissière d'un magasin rende à Madame Rodrigue deux dollars de trop ; celle-ci lui rend immédiatement l'argent, avant de penser à ce qu'elle fait. En d'autres mots, le conscient a agi d'après

---

1. On dit aussi « esprit spirituel ».

une impulsion (une transmission de pensée) communiquée par l'esprit. Mais une fois en route, Mme Rodrigue commence à penser : « J'ai été bien gentille de lui remettre l'argent ; cette fille ne s'en serait jamais aperçue ». Le plus souvent, l'histoire est classée dans la mémoire pour être racontée plus tard à M. Rodrigue ou aux femmes du club de bridge, afin de les impressionner par son honnêteté. Après deux ou trois récits, le 2 $ initial a grossi ; il devient 5 $ ou même 10 $.

Par contre, si cet incident se produisait dans la vie de Mme Martin, celle-ci serait tentée de garder l'argent, bien que sa première impulsion fut de le rendre. Elle justifierait sans doute son action en pensant : « Un si grand magasin ne souffrira pas de cette perte ; ce sera simplement déduit de ses impôts ou de ses frais de publicité et moi, je peux en faire bon usage ».

Cela est dû à ce que le préconscient de certaines personnes est jaloux et qu'il veut rehausser le prestige de son ego par un sentiment de fausse droiture : « Cette bonne pensée vient de moi ; comme je suis bon ! » se dit-il. Tandis que chez d'autres, le préconscient rejette la pensée spirituelle comme contraire à son intérêt personnel et, chaque fois, une « brique » supplémentaire est posée sur les précédentes, obstruant le libre passage de la pensée spirituelle.

Ainsi, de nombreux adultes sont, du point de vue spirituel, en enfance et feront l'erreur de s'élever vers le Maître en pensant qu'*ils* sont bons, quand seul l'esprit est bon. La chair est animale, incapable d'être bonne ou mauvaise. Seul l'esprit peut faire la distinction, sans parti pris ; il reconnaît tous les hommes comme ses frères et sœurs spirituels, car il sait qu'ils viennent tous de la même source. Il ne connaît ni race, ni religion, seulement l'amour de la vérité et la compassion. Il fait de nous *tous* des enfants, à part égale, de l'Immortalité.

La capacité de pardonner à autrui est une de nos plus grandes qualités spirituelles. Faire l'expérience de la joie du vrai pardon nous unit au Créateur qui a tellement plus à pardonner à chacun de nous.

« Pardonne-leur, Père, car ils ne savent ce qu'ils font » ; telles furent les paroles de Jésus sur la croix. Elles nous offrent l'exemple de l'amour parfait qui transcende l'esprit charnel et rejette la peur. Il éprouvait une immense peine en se rendant compte du prix terrible que ses persécuteurs auraient à payer pour leurs erreurs. Bien qu'ils détruisent sa « maison », il savait que la force mortelle était incapable de le blesser. Les sentiments de vengeance ou de rancune qu'on conserve en soi ne blessent pas celui qui en est l'objet ; ils ne font que paralyser la clarté de la pensée et la pureté de celui qui les héberge.

D'un point de vue humanitaire, on peut être rempli de sympathie pour le taureau qui doit subir les tourments d'une corrida. Mais l'œil spirituel verse des larmes de pitié pour le matador qui exulte dans son triomphe et dont l'esprit devra payer le prix, le plein prix pour avoir causé sans raison la souffrance d'un autre, qu'il soit de sa propre espèce ou d'une autre.

Tremblez pour le cruel qui devra plus tard souffrir l'agonie du remords. Le pouvoir intérieur de l'homme est nourri par l'hôte céleste : l'Esprit rendra bien au-delà et davantage, l'amour que l'âme d'un homme donne à ses semblables. La compréhension intérieure d'un individu augmente dans la mesure où il permet à son potentiel intérieur de l'exercer pleinement.

C'est la seule façon pour l'homme, que le matérialisme domine au point que son moi spirituel est piteusement appauvri, de commencer à acquérir de la force et à amasser pour lui-même un trésor de richesses éternelles. Apprenant à *donner* de plus en plus, il recevra encore davantage, créant ainsi un cercle toujours plus large de sagesse et d'amour.

On ne peut cacher la force du pouvoir intérieur et ainsi, les êtres spirituels sont aisément reconnus par leurs semblables. Il a été expliqué comment l'esprit peut placer des pensées directement dans le conscient pour obtenir une action et comment le conscient agit sur le système nerveux, comme un montreur de marionnettes tire sur les ficelles. La bonne volonté intérieure de cet esprit commande au conscient d'accueillir avec joie tous ses frères et c'est là l'origine du sourire spirituel, facile, sincère, rayonnant d'amour fraternel, reflétant son Créateur. C'est le sourire qui illumine les traits lorsque l'animal a presque terminé sa vie et que l'esprit se prépare joyeusement à retourner dans sa dimension originelle, sachant que son travail sur Terre a été bien fait.

L'ascendant spirituel est une joie perpétuelle ; l'esprit est doux, patient, lent à se mettre en colère. En vérité, il est écrit dans Matthieu, 5:5 « Heureux les doux, car ils recevront la Terre en héritage ».

Être doux, c'est être sans arrogance, sans cynisme, sans égoïsme. Le doux accepte humblement l'égalité de tous les autres êtres spirituels, sachant qu'ils ne sont ni meilleurs ni pires que lui, mais qu'ils ont tout simplement été programmés différemment. L'esprit révère son Créateur, reconnaissant la Suprématie du Souverain, son Pouvoir Infini et sa Gloire.

Il n'y a pas de colère que la douceur ne puisse apaiser, offrant un amour compréhensif à ceux qui s'attaqueraient au corps. Les gens simples sont facilement conduits sur la voie de la droiture, ils rendent à César ce qui appartient à César. Ils ont pourtant un pouvoir intérieur immense, capable de se lever pour défendre, jusqu'à la mort, l'Honneur, l'Intégrité et la Parole du Maître, accomplissant toujours ce qui est bien et bon à Ses yeux.

Les gardiens spirituels

L'homme guidé par l'esprit ne progresse jamais seul ; c'est un fait bien connu de tous ceux qui vont ainsi. Une fois qu'ils ont brisé les limites de l'ignorance et de l'erreur pour libérer le pouvoir intérieur et qu'ils ont nourri cette étincelle divine, l'Aide éternelle leur est dès lors accordée. L'aide leur est donnée par un compagnon spirituel, ou ange, qui les protège, les guide et devient leur lien et contact personnel avec la dimension céleste. Il existe à travers le monde d'innombrables preuves de cela et les écrits spirituels et historiques de la Terre témoignent irréfutablement de ces faits. Que la substance de l'esprit soit invisible aux terriens importe peu. En fait, le guide spirituel *n'impose* jamais sa volonté et pourtant, il communique de diverses façons avec son protégé ; la prémonition est la forme la plus courante de conseil et d'avertissement. Cependant, lorsque notre pouvoir intérieur est suffisamment libre pour faire face à l'instinct naturel, le guide devient plus actif et un partenaire moins silencieux ; il devient à la fois tuteur et conseiller, une petite voix intérieure qui nous dirige sur la voie ascendante.

Même dans le monde de l'esprit, il n'y a pas deux êtres semblables ; il y a toujours le piquant de la variété. L'homme le plus « mauvais » c'est-à-dire, celui qui est dans l'erreur peut avoir, à l'intérieur de lui, un esprit actif qui ne cesse de frapper à la porte de sa conscience. (Mme Martin qui avait gardé deux dollars, rendus par erreur, devrait peut-être se demander pourquoi elle souffre de ses terribles maux de tête). L'esprit peut avoir une « personnalité » tout à fait différente de sa contre-partie animale. Un homme peut verser d'énormes sommes d'argent aux organismes charitables pour apaiser sa « conscience », ou bien l'homme « honnête », peut vivre une vie égoïste. Pourtant, chacun de ces hommes est peut-être conscient de la vive étincelle d'autocritique qu'il perçoit au plus profond de lui-même et il a peut-être un sens de la présence du Dieu Vivant.

Les gardiens spirituels peuvent être du genre actif, passif ou mixte. À mesure que son protégé développe sa connaissance et sa force intérieure, le gardien peut se faire aider par d'autres guides si nécessaire et quelquefois, il est remplacé par un « pouvoir » plus élevé, muni de qualifications d'enseignement supérieures.

Ne commettez jamais l'erreur de penser que les guides célestes sont intéressés à l'homme-animal. L'esprit est uniquement envoyé pour aider l'esprit, jamais l'enve-loppe chimique qu'habitent ses frères terrestres. L'es-sentiel du bien-être pour chaque être humain, oui ! Les extravagances luxueuses, jamais !

L'Armageddon

Le Maître a récemment fait savoir qu'en dernier recours, si l'animal terrestre se montre trop obstiné, Il rappellera à lui tous les esprits et qu'il y aura alors un jour de jugement. Les résultats d'un tel événement sont trop terrifiants pour être pleinement compris. L'homme-animal redeviendrait la bête sauvage de son existence préspirituelle, comme les tribus de singes qui errent dans les jungles, à l'heure actuelle. Seule la loi de la nature régnerait : la vie et la mort, la survie du mieux adapté.

La seule chose de valeur en notre possession, c'est l'esprit qui nous habite. Il est prêté à l'animal pendant quelques années pour qu'il puisse en jouir et en profiter. L'homme, le plus grand accomplissement de la nature, est aussi éphémère que le lis-d'un-jour (hémérocalle) qui se dresse et retombe continu, perpétuant l'espèce. Sa vie est à peine plus longue que celle du papillon en regard de l'éternité.

Comment est-ce alors possible de magnifier l'importance de cet animal vain et myope et d'ignorer l'infini pouvoir intérieur ? Comment est-ce possible d'affamer et d'emprisonner la seule chose de valeur que nous possédons, notre promesse de vie éternelle ?

Le message est si simple. L'heure de l'Armageddon est arrivée ! La vérité contre l'erreur ; la vertu contre le vice ; les valeurs spirituelles, les *vraies* valeurs, contre le matérialisme.

Le sens du combat dans le désert

Avant Adam, la chair était créée de poussière et retournait à la poussière, comme engrais organique ! Même aujourd'hui, la « maison », la composante chimique où l'esprit habite pendant son bref séjour sur Terre, vieillit, se décompose et finalement, se désintègre. Dieu n'a pas fait cet animal. Cet animal ne ressemble aucunement à Son Image. Il n'a pas fait les oiseaux, les arbres, les fleurs ; Il n'a pas formé ce dont est constituée notre planète. Le Souverain de l'Univers est *Esprit* ; Amour, Vérité, Sagesse, et Pouvoir : notre esprit est fait à Son Image. Nos corps, eux, sont à l'image de nos ancêtres, les singes.

Jésus-Christ avait un corps, comme nous. Il connaissait les désirs de la chair, il les a combattus et en a triomphé. Il n'y avait pas d'«esprit du mal» avec Lui dans le désert. Il n'existe pas d'*esprit mauvais*. C'est l'esprit préconscient charnel qu'il a dominé. L'animal avait faim (convoitise): «Ordonne que ces pierres se changent en pain», a-t-il commandé. Et Jésus a répondu : «L'Esprit sera nourri de la Parole de Dieu seulement».

L'animal voulait des émotions fortes, du sensationnel, comme le veulent tous les esprits animaux : «Jette-toi en bas de cette montagne», cria-t-il. Et Jésus dit : «L'Esprit est calme et paisible ; je n'ai pas à me prouver que mon Père est tout-puissant. J'ai la foi et je ne serai pas tenté de faire ces choses de la chair».

Puis, l'ego-animal s'est élevé en Lui : «Je te donnerai la gloire, et tous les honneurs terrestres». Alors l'ego satanique animal, plein d'amour-propre, le même ego dominateur qui, de nos jours, se tient solidement entre l'homme et le Maître, l'idole que l'homme vénère, s'est élevé dans l'esprit de Jésus : «Je te donnerai tous les royaumes de ce monde si tu te prosternes à mes pieds et m'adores». La sueur coulait sur le front de Jésus, car il n'avait pas mangé depuis quarante jours. Alors, l'Incarné répondit à l'esprit charnel : «Tu adoreras le Seigneur ton Dieu et lui seul tu serviras».

Ainsi, le Christ nous a-t-il montré le chemin. Il a conquis son Satan personnel, la chair. Comme chacun d'entre nous peut en faire l'expérience après une pareille purification, Jésus fut ensuite rempli de la lumière et de la paix du pouvoir spirituel et comme il l'a dit, les anges sont venus et ont pourvu à ses besoins. Il était prêt à entreprendre l'œuvre de son Père, il n'était plus lié aux désirs animaux qui l'avaient auparavant distrait de sa mission divine.

Le pouvoir intérieur est cette force qui élève l'homme au-delà du simple niveau animal, bien qu'elle n'ait encore été explorée que par quelques sages pionniers.

Les disciples de Jésus et ceux qui ont tenté de traduire leurs paroles, n'ont pas pleinement compris son Message et en faisant usage de licence poétique, ils ont quelque peu déformé les concepts en suggérant que Jésus a attribué à Dieu ce qui était du royaume de la nature. Jésus dit : « Rendez à César ce qui est à César », ce qui veut dire : vivez selon la loi de la nature en ce qui concerne vos besoins physiques et votre récompense sera appropriée.

Rien de matériel ne peut être utile à l'Esprit dont le Royaume est Spirituel et qui, dans sa Sagesse, a fait naître son Fils dans une étable et qui a d'abord conduit les bergers vers l'enfant. Personne ne peut dire que le sens de ce message est obscur.

Rendez à Dieu ce qui est à Dieu. Mais c'est impossible pour l'homme charnel, d'où la confusion qui règne sur la Terre à l'heure actuelle et les faibles tentatives d'imitation de la part de certains. Avec Dieu, tout est possible. Connaissez-Le pour ce qu'Il est : Amour, Vérité et Esprit ; tout ce qui est juste et bon.

Comment pouvez-vous aimer ce que vous ne pouvez comprendre ? Priez pour comprendre ! Apprenez à Le connaître. Débarrassez-vous des hallucinations, des illusions et des idées de grandeur de l'animal.

Dieu est tout-puissant. Il n'a pas besoin de nous ; c'est nous qui avons besoin de Lui !

Car nous sommes des êtres spirituels, vivant dans un univers gouverné par l'Esprit. Les sages sont voués aux buts spirituels pour lesquels le Maître les a créés.

Chapitre 4

MAÎTRISER LE POUVOIR INTÉRIEUR

Une centrale à haut voltage : vous !

Si la vie éternelle était réservée à une petite minorité de chercheurs (ceux qui atteindraient des résultats supérieurs en amour et au service d'autrui), si la Déité déclarait : « Il n'y a de place au ciel que pour 1% des terriens les plus avancés spirituellement, et tous les autres doivent disparaître à la mort physique », du jour au lendemain on verrait surgir des pseudo-saints, comme des champignons après la pluie.

Quiconque aurait moins de générosité, moins d'amour et moins de sagesse serait sérieusement tenté de faire de l'Éternité un genre de club exclusif. C'est quelque chose que l'homme comprendrait facilement ; mais l'Omnipotence demeure une énigme pour cet animal.

Évidemment, l'illumination ne peut parvenir à l'esprit charnel de celui qui cherche à comprendre cet amour qui dépasse tout entendement, que par l'esprit spirituel, son seul lien avec l'Omniscience. La langue française, tout comme les autres langues sur la terre, est totalement incapable d'exprimer ces idées de façon adéquate.

Il est absolument nécessaire de libérer le flot du pouvoir de l'esprit spirituel si l'on veut atteindre la connaissance. Le degré et la rapidité du succès dépendront de la bonne volonté de l'élève et du montant de résistance que l'intérêt personnel opposera.

Quoique cela puisse sembler pervers, dans le sens le plus large du mot, l'intérêt personnel est mieux servi lorsqu'on soumet la volonté animale à la Volonté de Dieu. Sa vision et sa compréhension surpassent de beaucoup la vision étroite de l'homme. Il est comme un parent qui conseille à ses enfants que trop de pommes vertes donnent mal au ventre.

L'homme doit d'abord comprendre que ses instincts animaux l'ont induit en erreur depuis trop longtemps, que le temps est venu de procéder à une réévaluation sincère de ses valeurs.

Mais, ne vous y trompez pas, l'animal que nous chérissons est une brute puissante qui ne lâchera pas sa prise sur l'esprit sans lutter. Il utilisera tous les moyens à sa disposition pour modifier la vérité à ses propres fins.

On peut comparer le pouvoir intérieur au wattage d'une ampoule électrique. Entourée de tous les côtés par des « briques » d'erreurs, sa lumière ne peut éclairer qu'à travers les failles des briques.

Toute prière adressée au Souverain des Esprits est comme une requête faite à la Centrale électrique pour recevoir un voltage additionnel. Ces requêtes ne sont jamais refusées et elles permettent à la lumière de briller avec plus de clarté et d'intensité.

La confession permet à l'homme de se voir tel qu'il est ; petit à petit, elle jette par terre le mur d'associations erronées qui sépare l'homme de la Vérité et laisse la lumière intérieure percer davantage à travers les failles.

La méditation est le processus de finition ; elle augmente le wattage spirituel et nettoie tous les restes de débris qui traînent dans l'esprit charnel.

Ces trois étapes sont essentielles au succès ; la prière vient en premier.

Qu'entend-on par prier ?

Prier, c'est demander sincèrement et avec ferveur. C'est s'adresser au Créateur Spirituel avec adoration, supplication, en admettant ses faiblesses, son imperfection et son égocentrisme. C'est remercier, supplier ou implorer.

Aucun père humain ne peut aimer ses enfants comme notre Père Céleste nous aime. Il est conscient de nos problèmes et de nos faiblesses ; pour Lui, l'esprit est un livre ouvert. Devenez comme de petits enfants, car c'est la seule attitude qu'on peut avoir en priant son Père. N'ayez aucun doute, Il vous entendra. Les mots ne sont pas nécessaires quand l'esprit communique avec l'Esprit. La meilleure façon de s'y prendre, c'est de communiquer par ondes de pensée. Le seul problème est de trouver la bonne longueur d'onde pour établir le contact et réussir la transmission. Les cyniques et les arrogants ne se parlent qu'à eux-mêmes et ne sont entendus par personne.

Dieu étant Vérité, il ne peut exister qu'une communication honnête entre l'homme mortel et la Vérité. Il ne peut non plus y avoir d'intermédiaire. L'esprit ne peut

Les composantes de l'aura

parler que pour lui-même, sincèrement, du plus profond de son être.

Jésus nous en donna l'exemple :

« Notre Père, Esprit d'Amour, toujours présent au-delà de notre vision mortelle, Très-Saint, aide-nous à Te servir, sur la Terre, comme nos frères spirituels aux Cieux qui T'obéissent joyeusement.

« Donne-nous aujourd'hui notre nourriture spirituelle ; une compréhension de Ton amour.

« Pardonne-nous nos pensées erronées, les difficultés que nous avons à gouverner nos désirs animaux. Aide-nous à comprendre notre prochain qui, dans l'ignorance, nous offense et offense Ta Loi universelle.

« Délivre-nous de l'ego et du cynisme qui nous aveuglent devant Ta Gloire.

« Car ton royaume est éternel, tout-puissant et glorieux et nous y demeurerons dans la joie et l'amour, unis pour toute l'Éternité. Amen. »

Il est futile de Lui demander de la nourriture, ou de Le remercier pour les vêtements que nous portons. Les biens matériels sont une nécessité animale qu'on acquiert par un effort physique, un service rendu à César. Dieu ne les accorde pas plus à l'un qu'à l'autre.

Les bénédictions spirituelles, une plus grande compréhension, la sagesse, la paix et la joie, tout ce qui est nécessaire pour surmonter les faiblesses mentales et physiques de la chair, voilà Ses dons réels.

C'est une erreur d'utiliser la prière comme méthode de confession, dans l'espoir d'annuler la faute confessée. Mais on obtiendra sûrement une réponse, si on prie pour avoir la force de vaincre la faute. Priez pour être guidé, pour comprendre, pour être patient.

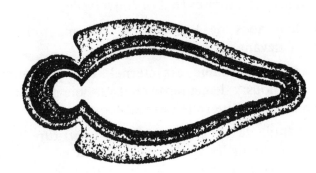

MÉDIOCRE

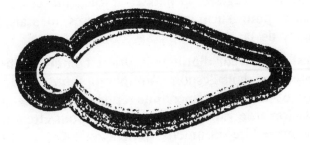

DOMINÉ SPIRITUELLEMENT

TRÈS CHARNEL

Les postures pieuses traditionnelles et les litanies ou les paroles qu'on marmonne ne sont que pure dérision, vides de sens, si le cœur ne reflète pas les mots que les lèvres prononcent et elles ne servent qu'à gonfler l'ego d'un faux sentiment de sa droiture. C'est du verbiage et non pas une prière. Lorsqu'on prie pour recevoir la grâce et qu'on la reçoit, il faut être prêt à mettre en action cette force nouvelle dans un but constructif, sinon la prière n'aura été qu'une perte de temps.

Passer à l'action

Après avoir prié pour être illuminé, avec le désir sincère de se comprendre soi-même et de comprendre son Créateur spirituel, l'étape suivante est de démolir le mur d'erreurs séparant l'animal *de* l'esprit.

Nous avons vu comment le jeune enfant vient au monde avec un esprit conscient actif ainsi qu'un préconscient en herbe et un esprit spirituel. Nous avons également vu comment, à travers sa vie, les associations sont emmagasinées dans le préconscient, ou « l'entrepôt », de sorte que, à l'âge adulte, l'enfant est devenu un produit de son environnement et la gamme du « plaisant » et du « déplaisant » peut s'échelonner de l'extrême plaisir à la plus vive haine. Beaucoup de tiroirs du préconscient sont classés de façon erronée et la Vérité demeure cachée jusqu'au jour où l'homme abandonne l'esprit charnel et entre dans la pleine réalisation de la Vérité. L'« enfer », c'est une excellente façon de décrire le remords qu'on éprouve en apercevant, à la lumière de la connaissance, le résultat de nos actions terrestres. Par conséquent, le Ciel est ce que vous le faites.

Depuis que le Maître a conféré l'esprit à l'homme, Il a continuellement envoyé ses guides à travers le monde lorsque c'était nécessaire. Moïse, Bouddha, Rama

Krishna, Zen, Lao-Tseu, Confucius, Le Bab, Luther, Karl Marx, Mary Baker Eddy, la liste est trop longue pour être complète ici; mais chaque fois, l'esprit préconscient des hommes a retenu les passages qui lui plaisaient et a rejeté les règles un peu plus « difficiles » qui exigeaient une discipline et une abnégation de soi.

L'esprit spirituel n'a que des pensées vertueuses et des sentiments d'amour qui peuvent tous être communiqués directement au conscient pour qu'il les exécute. Le conscient, cependant, n'a aucun pouvoir de pensée et ne peut distinguer entre ces pensées spirituelles et celles qu'il reçoit du préconscient. De plus, après avoir agi, le conscient renvoie le signal « terminé » au préconscient qui l'analyse et le classe.

C'est dire qu'un message spirituel reçu par le conscient devra passer par l'esprit animal avant de fermer le circuit et de retourner à son point d'origine, l'esprit. L'esprit charnel s'appropriera le message en cours de route et se vantera d'en être l'auteur. Il embellira la pensée et déformera complètement son sens originel en essayant d'analyser et de comprendre le message, afin de conserver sa domination sur la matière.

Cet esprit charnel est bien capable de prendre le plus infime incident, de l'embellir, d'en tirer gloire et de brosser les plus beaux portraits de sa propre « bonté et intelligence ». Voici le diable contre lequel l'homme doit lutter; son propre Satan intérieur. C'est pour cette raison qu'il doit redevenir un petit enfant, pur de pensée et reconnaître que, sans l'esprit qui appartient au Maître et qui n'est que prêté à l'animal, il est incapable de distinguer entre le bien et le mal.

Fouiller dans les classeurs

La deuxième étape, en vue d'éliminer chez l'animal la fausse conception qu'il a de lui-même, c'est de nettoyer les classeurs du préconscient prédateur. Il faut faire le « grand ménage » du grenier pour corriger quelques-unes de ces associations erronées : d'où, la confession.

Ces réseaux compliqués de renvois et de subtilités cachées sont les plus difficiles à admettre, car ce sont ces secrets qui soutiennent l'orgueil pervers de l'animal.

Quand une erreur est commise, l'entière origine de la « mauvaise » pensée réside dans l'esprit physique. Elle commence habituellement par une petite pensée, associée a un « plaisant » dans le préconscient, puis est grossie et embellie au point de la rendre méconnaissable et cela avant même de parvenir à l'esprit conscient pour être exécutée.

Un jeune garçon, par exemple, se promenant près d'un verger et apercevant de belles pommes rouges pensera : « La mère mettait toujours un plat de belles pommes rouges sur la table dans la salle à manger. Mais, je me souviens qu'elle les gardait pour les visites. Quelquefois grand-père et grand-mère nous rendaient visite et ils étaient si gais. Puis, maman offrait les pommes. La peau craquait sous la dent. Et grand-père racontait alors ses aventures de guerre. » Toutes ces réminiscences ont lieu avant qu'il ne saute par-dessus la clôture pour prendre une pomme.

Ainsi, les intrigues sont ressassées dans l'esprit adulte avant d'être transmises au conscient pour être mises en action. Toutes les comparaisons et associations antérieures entrent en jeu et tous les résultats précédents sont pesés dans la balance.

Cette machination est la partie dont le préconscient jouit. Il n'aime pas tellement l'action, parce qu'elle est exécutée par le conscient. (La pensée de la tarte aux pommes de votre mère par exemple, suffit pour vous mettre l'eau à la bouche.)

Aussi, bien qu'il admette volontiers l'action en confession, le préconscient fera tout en son pouvoir pour cacher la partie qui lui a apporté le plus de satisfaction : l'organisation de l'acte, sa véritable raison.

Il ne suffit pas de confesser l'acte pour débarrasser l'esprit de l'erreur, car s'étant confessé, le préconscient se sentira alors satisfait de lui-même. Pourtant, la racine de l'erreur pourra demeurer plus ancrée que jamais dans les fichiers mentaux. C'est comme si une femme balayait le grenier en poussant toute la poussière hors de vue sous un meuble. La poussière demeure malgré tout.

Lorsque l'homme-animal dit : « J'ai mal agi parce que j'ai volé », il ouvre le tiroir du classeur mental, mais il n'a pas encore sorti le dossier pour examiner les associations et la satisfaction particulière qui entourent ce « péché ».

Si la confession est : « J'ai manqué de respect à Mme Durand en tenant des propos mesquins à son sujet », on découvrira peut-être en examinant les machinations du préconscient, qu'il y a trente ans Mme Durand avait blessé votre ego par ses actions et que vous ne lui aviez jamais pardonné.

Ayant donc fouillé dans son passé et découvert ce fait, la pénitente admettra : « Que j'ai été sotte d'entretenir ce ressentiment ! » Elle se trouvera enfin libérée de cette association erronée cachée.

Du ressentiment caché envers une personne, de la jalousie, la crainte qu'un autre pourrait posséder une qualité qu'on n'a pas... ce sont exactement ces genres de problèmes qui se manifestent entre l'esprit prédateur et l'esprit spirituel. Sachant que les qualités de l'esprit surpassent de beaucoup la mentalité animale, l'animal tente de rehausser son propre ego dans l'espoir de soutirer assez de connaissances pour pouvoir supporter favorablement la comparaison avec l'esprit.

Se rendant compte de la valeur infinie du Maître, le charnel essaie d'imiter, sans comprendre ce que l'esprit fait. Cette fausse conception de soi, c'est précisément l'idole que nous fabriquons à Son Image, le mur que nous érigeons entre l'esprit animal et l'esprit spirituel. Lorsque nous avons atteint l'âge adulte, cette erreur est si enracinée qu'une vie entière suffit à peine pour la corriger en chacun de nous.

Donc, lorsque vous regrettez une faute, essayez d'aller à la racine du mal. Vous n'avez pas besoin de vous justifier. Confessez celle qui vous préoccupe le plus, les délices qu'elle vous procurait. Nourrissait-elle les appétits charnels? Le sensationnel? Le statut social? Trouvez la raison d'être du plaisir que cette faute conférait, puis la raison derrière la raison, l'association profondément cachée et à mesure que l'on creuse de plus en plus profondément, la pleine compréhension de l'erreur sera révélée et la lumière de la Vérité brillera, comme si elle avait été emprisonnée dans les murs épais d'une forteresse d'ignorance et d'erreur.

La confession n'est pas pour le bien de l'esprit. L'esprit est, dans chacun de nous, pur et parfait comme notre Père est parfait.

On ne se confesse pas pour avouer ses fautes au Maître; Il sait tout.

La confession veut révéler l'individu à lui-même en tant que créature charnelle; elle a pour but de révéler au conscient les secrets que chérit le préconscient et pour montrer que ces secrets, une fois partagés, ne valent plus la peine d'être amassés, qu'ils peuvent être vus tels qu'ils sont, des déchets dans le grenier, des associations erronées, de l'immaturité et de la stupidité animale dont on aurait dû se débarrasser depuis longtemps.

Le fait de partager ces erreurs nous soulage de la tension qu'elles causent, que nous nous rendions compte ou non de cette tension.

En avouant son vol de deux dollars, Mme Martin serait soulagée de ses maux de tête, car elle ne porterait plus le fardeau de ce secret. Le fait de voir nos erreurs nous aide à nous comprendre et à comprendre les autres.

Il ne suffit pas d'ouvrir les tiroirs du classeur ; chaque dossier doit être retiré, scrupuleusement examiné à la lumière de la vérité, analysé et partagé afin d'annuler l'aspect « secret » de l'erreur et d'éliminer, sans difficulté, une autre « brique » du mur qui sépare l'esprit animal et spirituel.

Descellez une brique, puis une autre, puis une troisième ; continuez sans cesse jusqu'à ce que la première petite lueur puisse traverser. Puis, jetez un coup d'œil dans votre grenier. Voyez le désordre terrible et le pétrin dans lequel se trouve le préconscient et remettez-vous, avec une vigueur renouvelée, à desceller une autre brique.

Demandez-vous : « Quand l'intérêt personnel s'est-il insinué dans ma vie pour la première fois ? » « Combien de fois ai-je agi avec désintéressement ? » « Ai-je le droit de critiquer les autres ? » Essayez de dresser une liste afin de vous évaluer honnêtement.

Une fois le préconscient vidé de plusieurs associations erronées, il devient ensuite nécessaire de remplir ces dossiers avec des associations justes. Cela ne présente aucun problème.

Il se peut que vous ayez lu le Nouveau Testament plusieurs fois sans le comprendre. Connaissant maintenant l'amour personnel de l'Auteur pour chaque esprit individuel, essayez d'aimer l'Auteur par l'entremise de Ses serviteurs qui ont essayé d'interpréter Son Amour et Sa Sagesse dans leurs écrits. Élevez votre esprit à la hauteur de Son royaume et, dès le départ, les problèmes terrestres sembleront moins pressants. Lus à la lumière de cette compréhension, les écrits incomparables de saint Paul nous fournissent un trésor de connaissances spirituelles.

Lisez de nouveau la vie de notre Sauveur qui est né dans une étable et fut reconnu d'abord par d'humbles bergers. Il fut élevé dans les conditions les plus modestes, ne possédant rien que les vêtements dont il était vêtu. Est-ce là le signe d'une Déité matérialiste?

Comprenez l'expérience de Jésus dans le désert. Ses problèmes étaient identiques à ceux qu'affronte l'homme moderne. Son moi charnel réclamait des satisfactions terrestres, mais il a refusé de se soumettre à la chair aux dépens de l'esprit, il a refusé d'affaiblir son pouvoir intérieur.

Puis, son esprit animal sceptique lui suggéra insidieusement : « Eh bien, si tu es le fils de Dieu, prouve-le moi. Demande à ton Père de te fournir une démonstration spectaculaire ; jette-toi en bas de ces hauteurs, montre-nous Son pouvoir. » En d'autres mots, pour un instant, la foi de Jésus fut ébranlée. N'aimerions-nous pas tous voir des chariots de feu descendre des cieux afin d'affermir notre foi? Ne demandons-nous pas tous au Maître : « Des miracles, des miracles. Donne-nous des miracles que nous puissions voir et nous aurons la foi ! »

Certains aujourd'hui exigent des preuves tangibles ; certaines Églises essaient de se faire une image de Dieu, de faire de lui un grand César, alors que tout déploiement de pompe est une forme de sensationnel. C'est tenter d'affermir la foi par un grand étalage de glorification matérielle, tentative contraire à tout ce que Jésus-Christ a enseigné.

La voix du séducteur intérieur

C'est exactement ce que Jésus a conclu lorsqu'il a surmonté sa deuxième tentation. Mais, même lui, l'homme parfait, ne triompha pas de la chair sans un combat intérieur ; il ne triompha pas de la chair sans l'aide de son Père.

Puis, son ego lui a murmuré dans l'oreille : « Ne serait-il pas merveilleux d'être admiré et vénéré par les hommes, de gagner tout le prestige humain ? Joue mon jeu et nous pourrons conquérir tous les royaumes du monde, nous serons vraiment *importants*, toi et moi ; ensemble, nous pourrons posséder un empire qui éclipserait Rome. Voyons Jésus... des bijoux à tes doigts, des vêtements somptueux, un trône incrusté de pierres précieuses et une couronne d'or sur la tête... si seulement tu fais ma volonté. »

Une voix qui n'est pas différente de celle du séducteur qui nous parle aujourd'hui. Une faiblesse à laquelle tous succombent et qui ne mérite qu'une seule réponse : « Tu adoreras le Seigneur Ton Dieu et Lui seul tu serviras. »

Il fallut quarante jours à Jésus pour reconnaître ses faiblesses et pour acquérir le pouvoir d'en triompher.

Bouddha, l'illuminé, était le fils d'un Roi ; il avait été élevé dans la plus grande splendeur et physiquement, il était très beau jeune homme. Matériellement, il possédait tout. Puis Dieu l'appela et il partit seul à la recherche de la vérité. Au cours des six années suivantes, il subit les épreuves les plus rigoureuses que l'on puisse imaginer, jusqu'au jour où, sous son arbre, il parvint à la même conclusion que Jésus-Christ : « Tu adoreras le Seigneur ton Dieu et Lui seul tu serviras ».

Ce n'est pas la religion qui a besoin d'être mise à jour. C'est plutôt l'homme qui a besoin d'être réajusté aux principes religieux.

Le réaménagement des classeurs de l'esprit peut, par conséquent, produire un changement graduel. Remplacez les pensées charnelles imprévisibles par des pensées spirituelles honnêtes qui ne peuvent faire fausse route, car leur source est la Vérité.

On peut faire confiance, en toutes choses, à l'homme qui est guidé par le pouvoir intérieur, car il sait distinguer entre le bien et le mal. L'homme charnel, lui, est perdu dans le labyrinthe de ses propres erreurs, même si sa vie entière semble être un exemple de droiture, à force d'avoir imité les pensées spirituelles qu'il s'est appropriées comme si elles venaient de lui. C'est de cet homme que Jésus disait : « Je ne connais pas cet homme », et « Les premiers seront les derniers » ; car un tel homme ne connaît point l'humilité. Cet homme n'a pas su reconnaître l'Esprit du Maître à l'œuvre et s'est attribué Sa grâce comme sienne.

Au début, plusieurs confessions commenceront avec cet aveu : « Je ne sais pas pourquoi j'ai fait cela. » Il sera peut-être nécessaire de recourir à une orientation experte pour démêler le réseau des associations fausses et contradictoires. Mais avec chaque nouvelle découverte et chaque révélation, la tâche devient un peu plus facile jusqu'à ce que, finalement, l'étudiant se trouve face à face avec son véritable moi, comme un petit enfant, libre de tout artifice ou affectation, sans cynisme. Il aura alors accompli une autre étape vers l'éternité. Il saura avoir de la compassion pour ceux dont le milieu est moins propice au développement spirituel.

La force de la méditation

Nous prions pour qu'Il nous aide ; nous nous confessons afin de pouvoir démolir le mur de terreur qui nous sépare de la lumière de Sa Vérité. Pour que le succès soit assuré, la prière doit être suivie de la méditation qui enseigne au nouveau moi à s'émerveiller, comme un petit enfant, devant l'amour du Père. La méditation est un état de communication libre avec notre esprit spirituel qui, pleinement développé, a le pouvoir de l'hôte céleste à sa disposition. C'est notre lien direct avec Dieu.

C'est ce pouvoir qui soutenait Jésus qui, comme nous, était un fils du Père, emprisonné momentanément dans la chair. Le Christ est venu démontrer le pouvoir de l'esprit dans l'homme purifié, qui peut même dominer la mort.

Mary Baker Eddy a perçu cette Vérité dans ses méditations ; elle a su que l'Esprit est tout-puissant ; que l'homme-animal, de lui-même, n'est rien qu'une illusion qui retourne en poussière. Mais chacun doit se le prouver pour sa propre satisfaction. La Vérité ne peut être imposée à personne.

Donnez un coup de poing sur une table en chêne, elle semble réelle ; jetez-la au feu et il ne reste que des cendres. Telle est la chair. L'espèce humaine est comme la terre, mesurable, imprévisible, le produit de l'évolution.

Méditez sur l'Omnipotence, comparée à l'insignifiance de l'homme. Plus vous priez et confessez la suffisance de l'esprit animal, plus de nouvelles perspectives s'ouvrent, grâce à l'esprit spirituel. On découvre de nouveaux horizons, de nouveaux concepts de vie. La renaissance devient une réalité.

L'amour divin ne fait aucune distinction de race, de culte, de croyance ou de standing social. Quelle grave erreur commet l'homme en osant faire la guerre à un de ses frères spirituels et déclarer que son idéologie est supérieure à la sienne. « Insensé que tu es, enlève donc la poutre de ton œil ! »

Tous les hommes spirituels sont à Son Image. Tout homme-animal est ce que l'environnement et l'évolution ont fait de lui.

La méditation le lui révélera en toute clarté. Le débutant, assis calmement, laissera l'animal projeter ce qu'il veut dans le courant conscient de la pensée, mais il observera tout le processus d'un « œil spirituel » ; les révélations seront étonnantes. Laissez voguer vos pensées quelques instants, écoutez chaque objection que le préconscient oppose à toute réforme et refusez catégoriquement de soumettre totalement la volonté animale à la Volonté de Dieu. Examinez ensuite ces arguments à la lumière de la sagesse spirituelle.

La méditation vous permet de pénétrer dans les recoins les plus profonds, les plus sombres du processus de pensée charnelle et de les purifier.

Finalement, lorsque l'esprit [1] sera plus clair, l'Esprit utilisera ces périodes pour le remplir de la douce connaissance de la Vérité.

---

1. Dans le sens de la « réalité pensante, le principe pendant en général, opposé à l'objet de pensée, à la matière. » Dict. Robert.

Une autre excellente méthode de contemplation consiste à explorer vos souvenirs d'enfance et à revivre chaque épisode afin de découvrir comment les premières impressions et les associations erronées ont été formées. Puis revoyez toute votre vie, votre jeunesse ; examinez les erreurs personnelles et les enseignements erronés que vous avez acceptés (patriotisme excessif, propagande raciste et vues étroites). Faites-les remonter à la surface ; séparément et posément, examinez-les, une à une impartialement. Mettez de côté l'idéalisme sentimental, rejetez toute discrimination et, à mesure que vous comprenez comment ces erreurs furent créées, ayez de la compassion pour ceux qui sont dominés par l'ignorance.

La méditation est une forme parfaite de détente. Si la journée n'a pas été bonne, pensez à ce que vous auriez pu faire pour l'améliorer ; voyez comment, avec un effort de votre part, un peu de politesse et de calme, vous auriez peut-être pu aider un autre. Pardonnez à vos semblables, essayez de les aider.

Apprenez à nourrir votre pouvoir intérieur ; apprenez à connaître le Maître car, Le connaissant, vous ne pouvez faire autrement que de L'aimer. Si cela vous semble trop difficile au début, apprenez d'abord l'amour de la Vérité et consacrez votre vie à la connaissance.

Si les premières pensées qui vous viennent en méditation vous semblent trop horribles à examiner, ne les repoussez pas en prétendant qu'elles n'existent pas ; laissez chaque pensée traverser doucement votre écran mental, regardez-la d'un œil analytique, telle qu'elle est. Vous pourrez les comparer à de l'écume à la surface de l'eau ; ôtez-en la crasse ; remplacez ces pensées par d'autres qui soient sans préjugés, pures et vraies, tranquillement et avec compréhension, sans vous culpabiliser ou vous punir.

Si l'orgueil a été un problème majeur, allez frotter le plancher du voisin, par exemple. Si la paresse est votre défaut, empressez-vous d'y remédier. Si vous avez estimé votre temps trop précieux pour le partager, sacrifiez-en une partie au bénéfice de l'humanité. La méditation vous enseignera ces choses.

Soyez logique. Si, dans une expérience de laboratoire sur des rats, on donne un régime alimentaire équilibré à un groupe de femelles, leurs petits seront en bonne santé, car les lois de la nature auront été observées. Donnez à un autre groupe de femelles un régime très pauvre et leurs produits seront faibles et chétifs. Dieu nous aime tous également. S'Il dirigeait la nature, y aurait-il des enfants qui meurent de faim? Y aurait-il des couples valables qui restent sans enfants, alors que d'autres, moins préparés spirituellement pour être parents, sont «abondamment bénis»? Il n'y a ni bénédiction ni mystère. Les premiers n'ont pu satisfaire aux exigences de l'évolution, tandis que les derniers se sont conformés aux lois de la nature.

Ce sont nos propres instincts naturels incontrôlés que nous devons conquérir. Notre première réaction est de rendre coup sur coup, bien que l'Esprit nous demande de présenter l'autre joue.

Notre Père, dans Sa sagesse, connaît les faiblesses de notre nature animale, notre incapacité de comprendre Sa Loi, mais il écrit (Romains 1: 18-25):

« Voici que du ciel, en effet, se révèle la colère de Dieu contre toute impiété et toute injustice des hommes qui retiennent injustement la vérité captive, car ce qu'on peut connaître de Dieu est manifeste parmi eux: Dieu le leur a fait connaître. Depuis la création du monde, en effet, ses attributs invisibles deviennent, par ses œuvres, visibles à l'intelligence, sa puissance éternelle comme sa divinité ; aussi sont-ils inexcusables, puisque, connaissant Dieu, ils ne l'ont ni glorifié ni remercié comme Dieu ; au contraire, ils se sont perdus en de vaines pensées et leur cœur inintelligent s'est enténébré. Se flattant d'être des sages, ils sont devenus fous et, à la gloire du Dieu immortel, ils ont substitué des images représentant l'homme mortel, des oiseaux, des quadrupèdes et des reptiles.

« Voilà pourquoi Dieu les a livrés, avec les convoitises de leur cœur, à l'impureté pour qu'en eux soient déshonorés leurs propres corps, eux qui ont échangé la vérité divine pour le mensonge et qui ont adoré et servi la créature au lieu du créateur, lequel est béni éternellement. »

Les erreurs animales détruisent l'âme si on les poursuit et elles peuvent conduire là où nul homme n'ose s'aventurer.

Si un homme dit, tout en connaissant la Vérité : « Je choisis de servir mon intérêt personnel ; je chercherai les récompenses matérielles », sa récompense sera alors matérielle et limitée. Par contre, si l'homme dit : « Je mettrai de côté tout ce qui est matériel et je chercherai uniquement les bienfaits spirituels », alors sa récompense sera spirituelle et infinie.

Mais l'homme avisé dira : « Je chercherai l'harmonie entre les deux parties de moi-même, je ne transgresserai ni la loi de la nature, ni la loi de l'Esprit ». Sa récompense sera double. Il sera riche et béni de bienfaits tant terrestres qu'éternels.

Saint Paul nous offre une image si claire de ces faits que toute interprétation est superflue. Au commencement, Dieu a conclu une alliance avec le peuple juif, scellée par la circoncision, le signe de Sa Loi. Ceux qui n'étaient pas sous la Loi n'étaient pas jugés selon elle, car le maître qui est Juste, savait qu'ils étaient incapables de comprendre.

Puis Jésus-Christ, à travers Paul, a montré aux Gentils qu'ils devenaient également soumis à la Loi, car ils avaient entendu Sa parole. Dans l'épître aux Corinthiens, il dit : « Car lorsque tous les hommes seront soumis à la Loi, ils seront jugés. »

Ce livre accomplit la promesse du Maître, car son Royaume terrestre approche ; l'heure est proche où tous les hommes sur terre connaîtront Sa Loi et la chair et l'esprit enfin connaîtront l'harmonie. Voici Son dernier testament et maintenant que vous connaissez Sa Loi éternelle, vous serez jugés selon la Loi.

L'esprit animal tente d'embellir par le dogme ce qui n'a besoin d'aucune glorification. Ce qui est proposé par l'homme appartient à l'esprit de l'homme. *Tu adoreras le Seigneur Ton Dieu et tu aimeras ton voisin comme toi-même* ; c'est le seul commandement du Père, et l'esprit individuel dans chaque être *connaît* ce commandement. Seule l'essence la plus profonde et la plus intérieure du lecteur peut l'inciter à suivre la voie de l'illumination et à développer son pouvoir intérieur.

La Vérité vient de l'intérieur, non pas de l'extérieur ; la vertu, la pureté, la capacité de distinguer le bien du mal ne peuvent être imposées ; on ne peut non plus les apprendre par des études matérielles ou intellectuelles. Chaque enfant de l'Esprit connaît ces choses de lui-même et il s'efforce de communiquer à l'animal Son amour, Son pouvoir et la gloire de Son Royaume universel.

N'écoutez plus le vain babillage des hommes. Écoutez la petite voix silencieuse de l'esprit à l'intérieur. Priez pour que Sa Grâce vous illumine, car celui qui est conscient du monde de l'esprit et qui continue à défier ses préceptes se dirige vers le néant éternel. L'obéissance apporte au croyant la dignité humaine et la flamme vaillante de la certitude de son immortalité, le pouvoir intérieur.

Quel blasphème d'appeler les ravages de la nature « actes de Dieu » dans les polices d'assurance ! La foudre, les inondations, la sécheresse, la grêle, les ouragans, les tremblements de terre, tous ces désastres ont une explication ; ils peuvent être analysés par l'homme. Où se trouvent l'amour et la sagesse dans ces malheurs ? Où sont les preuves du travail de l'Esprit Infini ?

Quel blasphème d'offrir des biens matériels à Sa Majesté qui ne veut que notre amour ! Jésus-Christ a mis ce point au clair lorsque l'homme riche lui a demandé : « Que dois-je faire pour entrer au royaume des cieux ? »

Il lui a répondu : « Vends tous tes biens pour nourrir les pauvres. »

Comment croyez-vous qu'Il se sente face au faste, à la pompe, à la cérémonie, devant tous les spectacles d'adoration extérieure, alors que ses petits enfants spirituels-charnels s'endorment en mourant de faim. Ces petits qui pleurent parce qu'ils ne peuvent comprendre comment il se peut que Dieu les aime et qu'Il les laisse souffrir et pourquoi leurs parents meurent à la guerre. Comment un chrétien peut-il justifier ces faits ?

L'accumulation de biens matériels est le résultat de la bonne fortune et de l'effort physique.

« Malheur aux hypocrites », disait Jésus. Ne Le narguez pas avec des psaumes et des belles paroles. Ne priez pas qu'Il aide les indigents, pour qu'ensuite vous puissiez vous attabler, satisfait, « en paix » avec vous-même devant un repas copieux. Essayez de jeûner quelques jours pour connaître ce qu'est la faim. Ne L'insultez pas en observant un culte certains jours de l'année, alors que vous êtes égocentrique tout le reste du temps. Ne le remerciez pas de la nourriture que vous mangez; vous n'êtes pas différent d'un autre à ses yeux. Pourquoi alors certains meurent-ils de faim pendant que d'autres se gavent? Est-il logique de célébrer les fêtes religieuses en les transformant en festins et en opérations commerciales, en gavant l'animal, tandis que l'esprit uniquement nourri de la parole de Dieu, reste affamé?

Imaginez la colère de Jésus lorsqu'il a renversé les tables des vendeurs dans le temple! Ne mesurez pas votre amour avec l'argent.

Exercer le pouvoir intérieur

Nul n'est trop pauvre qu'il ne puisse aider un enfant perdu, ou délinquant, ou arriéré, ou infirme; le prendre près de son cœur et lui montrer qu'il est aimé, que quelqu'un est prêt à prendre le temps de jouer, de faire une promenade avec lui, de partager le plaisir d'une collection de timbres, ou encore de jouer à la balle ou aux échecs, etc.

Nul n'est trop pauvre qu'il ne puisse montrer de l'amitié envers une personne âgée, non pas une fois l'an, à Noël, mais tous les jours; qu'il ne puisse faire preuve d'amour et de considération; qu'il ne puisse rendre visite aux personnes âgées de temps en temps, ou encore leur prêter main-forte dans leurs tâches.

Dans la mesure où vous l'avez fait à l'un de ces plus petits, c'est à Moi que vous l'avez fait. Exercez votre pouvoir intérieur, ne le laissez pas dépérir, car Il a promis que dans la mesure où vous donnez, il vous sera rendu au centuple.

Ne soyez pas imbu d'un sentiment de générosité lorsque vous payez la dîme ; cela ne vous profitera guère. Vous pouvez même donner votre corps à brûler et n'en rien retirer à moins que votre motivation soit l'Amour de Dieu, l'amour de l'humanité.

Si vous Le vénérez seulement avec le matériel, les hommes diront : « Que ce serviteur de Dieu est bon », et ils vous admireront. Mais l'Esprit dira : « Je ne connais pas cet homme, il m'est étranger ». À ceux qui admirent l'image de leur propre droiture et de leur suffisance, Il dira : « Les hommes à qui tu as montré ta piété t'ont déjà récompensé ; laisse passer cet autre que tu considérais comme un individu vulgaire, mais qui, du plus profond de son cœur, M'aimait ; il ne possède pas toutes tes bonnes manières, mais, spirituellement, il n'en a pas besoin ».

Il n'est pas mal d'avoir de bonnes manières ; si on manque à ces conventions, on subit l'ostracisme de la société. La mauvaise haleine est taboue en Amérique du Nord, mais lorsque vous vous tiendrez à côté de votre frère spirituel d'une autre culture, votre aura sera-t-elle aussi brillante et aussi lumineuse que la sienne ? Qu'il soit païen ou chrétien, vous sentirez-vous le moindrement supérieur, s'il est un peu sale et débraillé ? Gardez-vous de cet écueil ; vous risqueriez de devenir un sépulcre blanchi. Aux yeux de Dieu, vous n'êtes peut-être pas digne de délacer les sandales d'un être spirituel d'une autre race ou d'une autre croyance.

L'homme parfait a lavé les pieds de ses disciples ; entraidez-vous, mes frères et mes sœurs de la race blanche. Fouillez au plus profond de votre cœur et, dans l'intimité de votre cœur, agenouillez-vous et lavez les pieds de ceux qui ne possèdent aucun bien matériel, qui sont peut-être illettrés et dont les associations du préconscient diffèrent des vôtres.

L'évolution et l'environnement décident de la pigmentation de la peau et de l'éducation d'une personne. L'Esprit ne voit que l'aura. La religion ou le culte est sans importance. Chaque individu est personnellement responsable de sa conduite et devra répondre de ses actes.

La conviction de son importance, de sa droiture ou de sa supériorité personnelle est un mythe qui doit être éliminé. L'erreur se trouve à l'intérieur de soi. Personne d'autre que vous ne peut combattre votre « démon » personnel ; il n'y a que le Maître et vous qui le connaissiez. L'Esprit doit triompher de la chair. Armez-vous autant que vous le pouvez, développez votre pouvoir intérieur. L'Armageddon commence aujourd'hui et l'ennemi, c'est vous-même.

Triomphez de vous-même et votre seul ennemi est vaincu. Triomphez de l'animal et la voie que suivront vos enfants sera bénie abondamment ; tous ceux que vous connaissez bénéficieront de votre exemple et seront transformés par votre contact.

Il ne suffit pas de laisser un héritage social et matériel à ses enfants ; cela peut même leur nuire, leur rendre la vie plus difficile. Laissez-leur un héritage spirituel afin qu'ils puissent hériter de la Vie éternelle. Ne les condamnez pas à suivre le chemin sanglant qu'ont tracé les générations précédentes.

Le corps va périr, qu'il ait appris la vérité ou l'erreur. Le corps n'est pas puni par Dieu ; uniquement régi par la nature, son créateur. L'esprit à l'intérieur, cependant, doit répondre des erreurs de l'animal; il doit porter son fardeau honteux dans l'éternité.

Malheureusement, il est impossible pour la plupart des adultes au vingtième siècle de trouver la paix de Dieu sans souffrir, car plusieurs sont étouffés dans la culpabilité, esclaves de l'habitude. Mais chacun recevra toute l'aide qu'il désire pour adoucir les échecs qu'il essuiera certainement en cours de route.

Il y a de l'espoir, cependant, pour les générations futures. Nos enfants hériteront du royaume terrestre de Dieu, la Vérité les rendra libres.

Le Maître a entendu les prières de ceux qui Le cherchent. Leur cri a été le salut de tous les hommes. Convoquant son archange Loliad, Il a déclaré qu'il était temps d'envoyer toutes les forces célestes dans la bataille finale et d'écrire le dernier testament.

À cette fin, un nouveau-né animal féminin fut choisi; elle fut munie d'un équipement spécialisé à la communication spirituelle, une antenne intérieure en quelque sorte. Un être humain, comme bien d'autres par le passé, conscient du monde animal et du royaume universel de l'Esprit à l'intérieur duquel notre petit globe flotte comme une bulle dans l'air, parmi des myriades d'autres petites bulles.

« Guide-les, ma fille; enseigne-leur que JE SUIS le Dieu-Vivant, toujours présent, tel que J'étais avant la création de l'Univers, tel que je serai éternellement, Omnipotent, Omniscient, un Père d'Amour qui aime Ses enfants spirituels sur la terre, comme sur toutes les planètes dans mon Univers. »

Chapitre 5

LES MULTIDIMENSIONS DE LA FEMME

L'associé spirituel

Il est évident qu'à travers l'histoire, l'homme a souvent utilisé « Satan » pour excuser ses cruautés animales envers son prochain.

Dans l'Égypte ancienne, c'était une pratique courante de soigner les malades en leur perçant la peau et même en leur perforant le crâne pour laisser sortir les démons.

Plus récemment, l'idée d'un « docteur Jekyll et M. Hyde », deux personnages contrastants habitant une seule personne, a été proposée pour expliquer la double personnalité de l'homme. Elle est tout à fait adaptée ici, pour expliquer certains concepts.

En effet, la personnalité totale est reflétée dans la combinaison du préconscient et de l'esprit spirituel ; la conduite et l'attitude d'un individu varient dans la mesure où l'un domine l'autre.

En essayant de semer cette graine de vérité et de compréhension, nous savons que les résultats vont varier proportionnellement au montant d'attention et de nourriture qu'elle recevra ; les résultats dépendront aussi du sol où la semence tombera (c'est-à-dire la perspicacité véritable de l'individu et l'environnement auquel il est soumis).

On peut comparer le cynisme à une couche de roche dure et impénétrable et l'humilité à une terre arable, « flexible » et fertile.

Le quotient intellectuel n'a aucune importance. C'est un mélange heureux ou malheureux de chromosomes qui, au moment de la conception, détermine les aspects physique et mental d'un individu, que l'environnement développe ensuite conformément aux lois naturelles. La Déité n'y est pour rien et se préoccupe peu du produit matériel.

Par conséquent, les êtres humains spirituels n'ont aucune raison de s'enorgueillir, comme certains le font, des ingrédients naturels de base qu'ils possèdent. Il n'y a aucune raison, non plus, de dénigrer ceux qui sont moins doués.

Mais on peut tirer une juste fierté lorsqu'on exploite ces talents au maximum et qu'on les partage pour le bénéfice d'autrui. Notre réceptivité aux idées nouvelles diminue lorsqu'on cultive ces talents uniquement pour un usage personnel et dans le but de rehausser sa propre estime.

L'intégrité doit toujours précéder l'accomplissement intellectuel. Cet état de choses ne s'est encore jamais produit sur Terre. L'accomplissement intellectuel n'en est pas moins indispensable à la survie de notre civilisation.

Une association continue avec l'esprit spirituel intérieur a lentement conduit l'homme au point où Le

Maître le croit capable de recevoir Sa solution. Au cours de plusieurs millénaires et grâce à de nombreux martyrs, Sa Patience et Ses enseignements ont graduellement amené l'homme à reconnaître ses tendances prédatrices les plus évidentes et les désastres qu'elles provoquent. La personne mûre peut facilement reconnaître le jeune homme qui gaspille le bonheur de sa vie dans la dissipation et le vice. En fait, les fautes d'autrui et plus particulièrement celles des enfants des autres, sont les plus évidentes.

Il est maintenant temps de franchir la prochaine étape, de voir l'animal et l'esprit comme deux forces séparées et opposées qui luttent l'une contre l'autre, même dans le meilleur des hommes. En fait, plus l'homme est grand, plus il est conscient de la lutte intérieure pour la suprématie spirituelle.

Examinez la logique de ces déclarations révolutionnaires. Elles sembleront certainement bizarres, au premier abord, comme les enseignements de Jésus furent considérés comme révolutionnaires, à son époque, et rejetés par l'esprit préconscient de ses contemporains qui ont été incapables de les classer dans une association préalable. Le peuple israélite a eu une réaction semblable lorsque Moïse lui présenta les dix commandements. Pourtant nous reconnaissons aujourd'hui que l'œuvre et la vie entière de ces deux hommes furent vouées au service de l'humanité, car nous sommes habitués à ces idées et notre volonté s'est pliée à la Volonté et la Sagesse. Nous avons évolué, passant de la loi du talion (« œil pour œil, dent pour dent ») au concept de « présenter l'autre joue. »

Comme jadis, plusieurs générations s'écouleront sans doute avant que ces idées ne deviennent acceptables à l'esprit humain d'aujourd'hui. Nous lançons donc notre appel à la génération suivante, aux mères et aux pères de demain.

Admettons-le : le monde est en désordre, dans un état de crise. La soif du pouvoir, la lutte continuelle pour acquérir de plus en plus de territoire et de puissance nous a conduits au point où nous devons nous soumettre à la volonté du Maître ou envisager l'anéantissement total. La guerre, les infirmités, les difformités, la mort violente, est-ce là l'avenir que nous désirons léguer à nos enfants ?

Le défi au féminin

La tâche monumentale qui nous attend incombe d'abord aux femmes de la Terre. Unies, elles s'élèveront avec grâce et dignité pour jeter les fondements de la personnalité de l'enfant, du caractère national et humain.

Cette tâche exige des changements radicaux dans la façon de penser actuelle de la femme.

Le divorce étant une échappatoire possible si la situation se complique ; un faux sens des valeurs guide trop souvent le choix du partenaire d'une façon peu conforme à la loi de Dieu.

Durant l'adolescence, les instincts animaux se déchaînent, cherchant à s'exprimer. Sans direction mûre de la part des parents, plusieurs jeunes gens font souvent de mauvais choix dont les conséquences sont désastreuses, non seulement pour eux mais également pour leur progéniture.

Ne réclamez pas des lois de divorce plus libérales. Demandez plutôt d'être conseillé et guidé lorsque vous envisagez la responsabilité du mariage.

Si les participants sont sincères, le mariage est un sacrement que personne ne doit violer. Le divorce non plus ne peut être acheté ou vendu et il ne peut s'appliquer à une couche de la société à l'exclusion d'une autre. Nul ne peut séparer ceux qui sont spirituellement et physiquement unis.

Pour que l'union réussisse, les deux participants devraient toujours avoir, individuellement au début, des sessions de purification totale, dirigées par une tierce personne responsable et qualifiée.

Les faiblesses de caractère devraient être mises en évidence et les jeunes gens, avertis des dangers que ces défauts entraînent.

On doit s'efforcer de surmonter ses défauts par la méditation et la prière sincère. En plus des sessions en commun avec un conseiller, il faut reconnaître et comprendre les problèmes de son partenaire, qui sont assez semblables aux siens propres si on veut résoudre de façon satisfaisante les problèmes majeurs avant l'union.

S'ils s'étaient vus de façon réaliste, Samuel et Christine auraient pu trouver le bonheur. Mettez de côté toute fantaisie; faites face à la réalité. L'ego, affamé de pouvoir, aime faire concurrence aux voisins et, un de ses trucs favoris sera de vous pousser à vous endetter en achetant à crédit, pour maintenir votre standing. Ignorez donc les séductions de la publicité qui cherche à vous faire dépenser au-delà de vos moyens.

Les participants devraient comprendre clairement les responsabilités du mariage et promettre solennellement d'assurer ces responsabilités au meilleur de leur capacité. Tous les aspects physiques, la cuisine, le ménage, les finances, l'amour, méritent une attention totale.

Ceux qui apprennent à placer Dieu en premier, à soumettre leur volonté charnelle à la Volonté de la

Sagesse s'assurent un mariage heureux. Si un des partenaires ose suggérer quelque chose qui n'est pas conforme à Sa volonté, l'autre a la responsabilité de lui montrer gentiment son erreur (abus, excès, recherche du pouvoir, manque de respect envers autrui, etc.), afin que la personnalité de l'autre en bénéficie et que l'union soit enrichie.

Jésus-Christ a parlé des eunuques avec équanimité. Par le fait même qu'il ne condamnait pas cette pratique, il semblait approuver une violation flagrante des lois naturelles. Comment le Fils de Dieu pouvait-il accepter de telles pratiques si l'homme, le corps animal, fut créé par son Père? Pourtant, plus d'une fois, il a condamné la fornication. Comment expliquer cela?

L'eunuque n'était pas atteint spirituellement, même si son corps était mutilé. Mais la mollesse, la luxure et la fornication obscurcissent l'esprit et offensent le Maître-Esprit. De plus, l'eunuque étant sans progéniture, il ne transmettait pas aux générations suivantes les vices dont il pouvait être accablé. Par contre, les fornicateurs, capables de procréer, peuvent affecter leur descendance.

En vérité, il est écrit: « Les fautes des pères retomberont sur les enfants de ceux qui me haïssent et je ferai miséricorde à ceux qui m'aiment et gardent mes commandements ».

Pour cette raison, le Maître a distingué l'adultère des autres formes de vol et de cupidité dans les commandements qu'Il a remis à Moïse; et saint Paul a condamné encore plus vigoureusement la convoitise à cause des multiples répercussions de la souffrance et de la confusion qu'elle cause chez les innocents.

La fusion mère et enfant

Réfléchissez sur ces questions, futures jeunes mères. Dès son premier cri, votre bébé vous confie tout son avenir et place innocemment sa confiance entre vos mains, espérant que vous ferez tout votre possible pour assurer son bien-être.

Le conscient du bébé, déjà éveillé dans la matrice, transmettra à son préconscient toutes les associations que vous lui communiquerez.

Guidée par l'Esprit Divin, votre aura s'étendra pour envelopper votre nouveau-né dont le préconscient ressent, sans nécessairement le comprendre, la bonté et la sécurité d'une mère dominée spirituellement. Un lien solide entre la mère et l'enfant rendra l'esprit de l'enfant réceptif à l'amour au cours des différentes étapes de sa vie.

Votre nouveau-né est innocent, son esprit immaculé, le jeune animal ne connaissant qu'un désir, la volonté instinctive de vivre. À cette fin, il se tourne vers celle qui lui a donné la vie, sa mère, afin de satisfaire ses besoins animaux.

L'esprit spirituel qui s'éveille également à la naissance appuie le physique dans son désir de survivance, car tout comme Dieu aime tendrement ce petit bébé-esprit, l'esprit aime le bébé-animal confié à sa charge.

Si la mère éprouve du dégoût pour un aliment pendant la période avancée de sa grossesse ou lors de l'allaitement, sa réaction sera transmise au bébé par télépathie ; ce qui explique la grande variété des goûts (plaisant et déplaisant) au sein d'une famille. La télépathie mentale entre mère et enfant est réelle. Plus tard, l'enfant captera aussi les impressions du père.

Les six stades de développement de l'enfant

Étant en partie animal, l'enfant traversera les six stades sexuels du développement, à partir de la naissance jusqu'à la maturité.

1. Le stade oral : la période de l'allaitement.
2. Le stade anal : l'apprentissage du contrôle de la vessie et des intestins.
3. Le stade phallique : le stade où se développe une attraction prononcée vers le parent du sexe opposé.
4. Le stade auto-érotique : l'attention de l'enfant se porte sur son propre corps.
5. Le stade homosexuel : l'attrait pour les personnes de même sexe.
6. Le stade hétérosexuel : la maturité.

Dans l'enseignement et le développement de la compréhension spirituelle, ces six stades sont d'une grande importance, car la compréhension de soi conduit au bonheur personnel et apporte la joie aux enfants de ceux qui appréhendent totalement l'enfant et son développement. Leurs tendres soins prépareront l'enfant à faire appel à son pouvoir intérieur plus tard dans la vie.

La gloire de la maternité

L'enfant naît avec la capacité du préconscient de discerner entre le plaisant et le déplaisant, développée au cours de l'évolution pour la protection de l'espèce. Ce discernement est d'abord éveillé par la bouche, lorsque l'enfant se nourrit au sein de sa mère et la satisfaction de la faim est la première association du préconscient classée comme « plaisante ». C'est le début d'une association entre l'enfant et sa mère qui dure toute la vie et qui ne peut être brisée que si la mère donne un choc violent à l'esprit préconscient de l'enfant. La nature, l'évolution, le progrès et la psychologie exigent que celui-ci soit nourri au sein de sa mère et toute femme qui s'en abstient va à l'encontre de l'ordre de la nature.

Il est dénaturé pour une future mère de mener une vie qui la rendrait incapable de remplir ses fonctions de femme, et toute erreur vis-à-vis de l'évolution, de l'humanité ou du Maître entraînera son propre poids de conséquences inévitables.

Il est important pour celle qui voudra être mère de faire l'inventaire de sa personnalité, de bien comprendre les qualités et les déficiences de son caractère et d'atteindre un degré élevé de spiritualité. Parlez doucement au bébé avant même que son esprit préconscient puisse enregistrer le sens des paroles, afin de familiariser l'enfant avec les expressions de tendresse et les intonations de l'amour.

La femme avisée qui s'est préparée à la maternité sera pour ses enfants une mère bien-aimée qui n'aura pas à *exiger* l'obéissance, car ce sera sa récompense naturelle. Ces enfants s'attireront aussi le respect des autres et la tâche de la mère sera plus facile lorsqu'elle devra les corriger et les guider.

On a beaucoup vanté la gloire de la maternité, mais le sens véritable s'est perdu à l'heure actuelle. L'humanité n'a pas évolué grâce à l'allaitement artificiel. La femme ne peut continuer à assurer son rôle dans l'évolution de l'humanité en nourrissant les enfants au biberon. La gloire de la maternité transcende le simple plaisir physique. Celui qui a dit : « La main qui pousse le berceau mène le monde » n'avait que partiellement raison. L'influence de la femme réside d'abord dans son sein ; c'est là où résident l'amour, le respect de ses enfants et de toute l'humanité. On ne peut comprendre ce couronnement suprême sans en avoir fait l'expérience. Il est le fondement de la maturité adulte.

Retournez à l'ordre naturel des choses ; ne soyez pas orgueilleuse, ne vous plaignez pas égoïstement d'être assujettie, contribuez à la régénération de la race humaine. La dégénérescence de notre soi-disant civilisation date du temps où les mères ont refusé de répondre au premier besoin d'amour de l'enfant : être nourri au sein. Il n'est pas surprenant de voir les jeunes d'aujourd'hui errer sans but, en quête de direction ; donnez-leur une base solide sur laquelle fonder leur sécurité. Mettez de l'ordre dans votre maison, jeunes mères. Le salut du monde est entre vos mains. Abandonnez les faux concepts qu'encourage une littérature fantaisiste. L'esthétique est secondaire. Un bébé n'est pas un jouet, ni un caniche.

Assurez à votre enfant le meilleur départ possible dans la vie, avec de bonnes associations dans son préconscient. « Maman » est synonyme de tendresse et de chaleur, de nourriture, d'amour et de conseils. Aucun bien matériel n'est comparable ; aucune cuillère d'argent ne possède ces ingrédients magiques.

L'homme ne retrouvera pas la force et la capacité de se diriger tant que la sagesse de la femme ne lui aura pas été transmise, voilà la tâche et la beauté de la véritable dignité maternelle. Vous gagnerez le respect de votre entourage en vous respectant vous-même. Créez un lien d'unité familiale.

Une créature bisexuelle

À ce stade, l'enfant s'élève au-dessus des animaux inférieurs, pour la première fois ; livré à lui-même, l'esprit physique tentera de contrôler le corps qui, jusqu'à présent, n'a connu aucun contrôle. C'est la première étape, essentielle au contrôle de l'ensemble de l'organisme, y compris le sexe, contrôle indispensable à l'évolution. L'enfant apprendra avec plus de facilité, s'il désire faire plaisir à sa mère... Jusqu'à la fin du stade anal, l'enfant ne connaît pas de vraie distinction sexuelle ; en fait, il est une créature bisexuelle, puisque l'évolution n'a pas encore terminé son cycle.

La curiosité de l'enfant

Lorsque l'enfant commence à s'identifier sexuellement dans son esprit physique, il passe au stade phallique et est attiré par le parent du sexe opposé parce qu'il vit en harmonie étroite avec son père et sa mère. La curiosité de l'enfant est donc attirée vers le parent du sexe opposé pour ce qui touche au plaisant et au déplaisant. Ce résultat naturel de son éveil sexuel ne signifie pas pour autant que l'enfant a maintenant repoussé l'autre parent.

Le réveil de son corps

Graduellement, l'enfant deviendra fasciné par les merveilles de son propre corps. Il observera et ressentira la gloire d'un corps qui vibre, qui bouge, qui est en vie. Comme c'est bon d'être en vie, de remuer les orteils, de découvrir la beauté de son corps, de sentir sa force s'épanouir. C'est le stade où les jeunes, dans le règne animal, coupent les liens avec leurs parents et deviennent des entités individuelles séparées. Les parents doivent reconnaître cette étape, surtout ceux qui continueraient à essayer d'imposer leur volonté à l'enfant. Ayant été bien élevé dès le début, l'enfant doit alors être dirigé vers une compréhension du bien et du mal qui lui ouvrira la porte à une connaissance plus intense de son moi intérieur, afin que ce pouvoir puisse devenir le facteur dominant de sa vie adulte.

Un lien mutuel de sympathie

À la lumière de la merveilleuse découverte du stade précédent, un lien naturel se forme avec les personnes du même sexe. Un lien mutuel de sympathie, d'échange et de connaissance se crée pour partager l'épanchement d'une joie commune devant l'éclosion de sa féminité ou de sa masculinité.

Maturité sexuelle

Le stade hétérosexuel suit naturellement, lorsque les deux sexes deviennent conscients des charmes l'un de l'autre et que le désir intense de procréer surgit en eux. La maturité sexuelle est inévitable, contrôlable ; on doit la reconnaître, mais il ne faut pas pour autant l'encourager ni l'exciter prématurément par une littérature douteuse...

Le moi animal

C'est ainsi que l'animal parvient à l'âge adulte ; la tâche maternelle est d'assurer que l'âge adulte coïncide avec la maturité. Il est contraire à l'intérêt de tous de vouloir en avoir plus qu'on ne peut en élever convenablement. Le contrôle des naissances acceptable est uniquement une question physique, non pas spirituelle, pourvu que la motivation soit pure.

On ne peut trop dire à quel point il est important de remplir de valeurs saines les classeurs du préconscient de l'enfant.

La mère doit être l'image même de l'amour, de la vérité et de la sagesse, afin de jeter les fondements qui sauront guider son enfant à travers la vie.

Le père et la mère doivent représenter l'unité et l'harmonie, de sorte que aimer l'un équivaille à aimer l'autre.

La famille doit être un lien de solidarité, un foyer chaleureux où l'on reconnaît Dieu comme le Père Céleste du moi spirituel intérieur.

Préparez votre enfant pour la vie, pour qu'il puisse s'aventurer, ferme et solide, sans vaciller comme une paille dans le vent; enseignez-lui le bon jugement, la maîtrise de soi, l'intégrité, la conscience de l'Infini et montrez-lui à avoir confiance dans ses buts.

Notons que dans les sociétés anciennes moins avancées, où la polygamie était pratique courante, les enfants nés de ces unions respectaient totalement leurs parents et aucun dérèglement spirituel visible n'en résultait. À l'époque prébiblique, la femme n'avait pas encore atteint un niveau spirituel assez élevé pour être la partenaire idéale de l'homme spirituel. Même les épîtres de saint Paul reflètent la dépendance spirituelle de la femme.

Ce n'est qu'à l'heure actuelle que la femme est parvenue à sa place légitime dans le plan de Dieu. Pour démontrer ce fait, il a investi une femme de la tâche d'enseigner Sa volonté à cette génération et aux générations futures.

La femme ne sera plus dépendante de l'homme pour chercher sa direction. Plusieurs femmes ont, en effet, plus de temps que leurs maris pour les études et la méditation. Pendant que les mains sont occupées aux besognes quotidiennes, l'esprit spirituel peut s'élever en louange et en prière.

Il est à espérer que beaucoup de femmes profiteront de ces moments opportuns et aussi de l'égalité de leurs droits pour enseigner et proclamer la parole (une fois que les enfants auront grandi). Voyez le rôle inestimable de la femme et à quel point elle peut façonner l'avenir de l'humanité ; elle peut être dévouée mais non pas ennuyeuse, rayonnante de sincérité et éclatante de grâce.

Si, par suite d'un caprice de la nature, un couple est incapable d'avoir un enfant, l'esprit leur réserve une récompense sans pareille : la possibilité d'adopter un nouveau-né animal-spirituel qui, sans cela, serait perdu dans une mer d'erreurs et dont le besoin d'amour ne serait peut-être jamais comblé ; un tout-petit qui, même avec les meilleurs soins d'une institution charitable, ne connaîtrait jamais la véritable signification de « maman ». Ce couple affectueux peut partager l'amour qu'ils ont l'un pour l'autre avec leur enfant choisi.

Soyez raisonnables en prenant cette décision ; ne soyez pas sentimentaux. Plus l'enfant est infortuné, plus il aura besoin de vos ressources intérieures qui vous seront rendues au centuple. À mesure que vous donnez, vous puiserez une plus grande force. On ne devrait pas désirer recevoir hommage et amour de l'enfant ; ces choses viendront naturellement. Envisagez l'adoption avec une seule pensée en tête : celle de donner à l'enfant tous les avantages de l'amour, tempéré par la sagesse. « Ce que vous faites au plus petit d'entre les miens, c'est à Moi que vous le faites ».

Il faut à tout prix reconnaître le moi *animal* de l'enfant, si on désire lui procurer tous les avantages de l'environnement. C'est le manque de compréhension, l'incapacité de contrôler l'esprit charnel qui causent les erreurs d'associations, communément appelées « péché », qui tourmentent l'homme depuis sa création. L'esprit spiriuel a été éclipsé par l'erreur animale. Par conséquent, nul enfant n'est trop jeune pour apprendre les vertus de l'intégrité, soit directement soit indirectement, ou pour recevoir une direction spirituelle. Pour clarifier ces points, classifions de nouveau les divers aspects de l'esprit.

L'audace spirituelle

On peut dire qu'il est « neutre ». Il reçoit tout simplement les impressions des cinq sens qu'il transmet au préconscient qui les analyse et qui lui dicte quelle action exécuter. Il exécute l'action et renvoie le message au préconscient. Il agit aussi sous les ordres de l'esprit spirituel.

Il est 100% animal prédateur. La source du principe « ego ». Il emmagasine la connaissance qu'il reçoit dans des dossiers d'associations complexes marqués « plaisant », « déplaisant » et « information neutre » ; il utilise cette connaissance dans ses processus analytiques compliqués. Il demeure opposé à l'esprit spirituel à moins d'être entraîné à vivre en harmonie avec lui.

Pour la simplicité de l'exposé, on peut dire qu'il est situé dans le subconscient animal. Sa substance est un pouvoir qui ne peut être défini, une portion de l'esprit du Créateur devant qui il est responsable de la conduite de l'être humain à sa charge. Il aime tellement son protégé qu'il absorbe ses erreurs et qu'il doit passer une partie de l'après-vie à les effacer. C'est le siège des vrais sentiments, ayant à sa garde les pouvoirs de l'amour, de la vertu et de la vraie fierté.

Au début de l'évolution, l'esprit conscient dirigeait tous les mouvements du corps, les battements du cœur, la respiration, les gestes, etc., qui étaient originellement des fonctions très simples. Puis, l'augmentation du travail a entraîné le développement naturel du préconscient dont le rôle était d'aider le conscient.

Le préconscient s'est alors chargé des fonctions routinières (respiration, battements du cœur, etc.) pour permettre au conscient d'agir avec plus de force ; puis le premier a développé le pouvoir de la pensée et le conscient lui est devenu soumis.

Ce développement a conféré au préconscient la capacité de décider du « plaisant » et du « déplaisant », d'enregistrer la douleur et d'apprendre, mais d'une façon simple au début. Un aliment, par exemple, était soit bon soit mauvais, la chaleur ou le froid était soit plaisant soit déplaisant.

L'affection est née quand le préconscient a développé le pouvoir de ressentir. Avec l'introduction des émotions intérieures (comparativement aux sensations extérieures des cinq sens), des complications sont nées à la suite des nombreuses erreurs faites par le préconscient dans ses associations.

Ces fausses associations peuvent être encore compliquées par les gens avec qui nous avons des relations quotidiennes.

Le Maître a prêté à l'animal un esprit spirituel, dans le but de donner à l'esprit une expérience terrestre, afin de mieux l'équiper pour son travail dans l'éternité. Tout comme l'exercice fortifie les muscles, il était prévu que l'esprit développerait son pouvoir par l'exercice de la vertu. En plus, l'esprit apporte avec lui, au moment où il quitte la chair pour retourner à son Créateur, la somme totale de la connaissance acquise par l'animal.

L'esprit spirituel a le pouvoir de la pensée indépendante. L'œuvre de William Shakespeare illustre très bien ce point (comme les écrits de plusieurs autres grands écrivains), car sa perception dépassait les niveaux de sa propre expérience et toute connaissance acquise au-delà des niveaux de la connaissance terrestre est spirituelle. Un homme brillant, possédant un cerveau animal puissant, une intelligence étonnante selon nos normes, est insignifiant à côté du génie dont la vision s'étend au-delà des horizons charnels. C'est la main du Maître à l'œuvre, accordant à l'individu une parcelle de son propre pouvoir.

Malheureusement, l'esprit animal prédateur des autres s'empare souvent de ces idées et, les déformant insidieusement, il les transforme en armes de destruction. L'application des théories d'Einstein en est un exemple sinistre. Quel bien illimité on accomplirait pour l'humanité en utilisant l'énergie atomique pour le progrès plutôt que pour la destruction! Mais de vagues souhaits ne changeront rien. *Il faut passer à l'action!*

Notre génération est appelée à faire volte-face! Nous serons remis sur la bonne voie; nous commencerons à penser de façon constructive plutôt que destructive.

Écoutez la voix de la raison, cessez de suivre le troupeau. Osez faire ce qui est bien; osez être sain d'esprit, osez vous opposer à ceux qui disent le contraire.

Votre esprit spirituel pense en fonction de ce qui est bien et mal; il vous fera briller de fierté par l'exercice de ses pouvoirs. On peut dire que cette fierté peut être définie comme la force qui propulse l'amour et la vertu.

L'esprit en action

Au début, les associations sont des sensations. Une épingle pique le bébé. Le système nerveux envoie ce signal à l'esprit conscient qui, à son tour, le transmet au préconscient qui le classe. Dans ce cas-ci, le préconscient commanderait au conscient de protester. Ce n'est qu'au moment où le bébé associe au niveau du préconscient la piqûre d'une épingle avec une sensation de douleur particulière, qu'il peut définitivement et pour toujours associer la sensation de piqûre avec l'épingle. La vue de l'épingle à elle seule, ou même le geste qui causa la douleur originelle, le fera protester. Il en est ainsi pour l'eau, le froid, la chaleur, etc.

Pendant les années de croissance de l'enfant, le « bébé-esprit » grandit aussi, ignoré totalement par le préconscient qui est beaucoup trop occupé à accumuler des associations et à les classer à l'aveuglette.

Se développant en même temps que l'animal, le jeune esprit aura tenté de manifester sa présence à l'esprit conscient. Ayant la capacité de distinguer entre le bien et le mal, il aura essayé d'enseigner ces distinctions au préconscient, mais il y a d'innombrables obstacles qui varient selon l'environnement et l'attention des parents.

L'esprit dira, par exemple : « Voilà notre petit voisin ; il est si gentil, allons jouer avec lui. » Si, toutefois, au cours du jeu, le petit voisin le bouscule ou le frappe, il se crée une association classée « déplaisante » et la tâche de l'esprit spirituel sera deux fois plus difficile la prochaine fois qu'il fera la même suggestion, car la loi universelle est la règle d'or de la conduite ; il ne faut pas seulement aimer son prochain comme soi-même, mais « bénir ceux qui nous persécutent ; répondre à la haine par l'amour et offrir l'autre joue ».

Parents, ayez pitié des enfants dont les parents infortunés sont prisonniers de l'ignorance, tandis que vous, connaissant la vérité, vous êtes libérés de la domination animale. Pleurez sur cet enfant qui a eu moins de chance que le vôtre. Aimez-le encore plus car il *a besoin* de votre amour encore plus que votre propre enfant ; sa condition est désespérée.

Voilà la leçon que l'esprit de l'enfant doit enseigner au jeune animal qu'il habite. Il faudra un effort total et concerté de la part de *tous* les parents pour faire de la paix sur la Terre une réalité.

Nous disons : « Pardonne-nous nos offenses comme nous pardonnons à ceux qui nous ont offensés ». Que cette prière ne soit pas de vaines paroles. En toute sincérité, chers parents, comprenant toute la misère contre laquelle lutte ce petit voisin infortuné lorsqu'il s'attaque à votre enfant bien-aimé, donnez-lui votre amour, il en a désespérément besoin. Bénissez cet enfant qui persécute le vôtre, car intérieurement, il s'écrie : « Je suis si petit et déjà je suis si confus, je suis en train de remplir mes classeurs avec de la haine et des erreurs. Jetez un peu de lumière sur mon âme ; je vous en prie, montrez-moi ce qu'est l'amour ».

Car, mères, comme Il vous a confié la garde de l'esprit de votre enfant, cet autre enfant est aussi Son enfant spirituel et il lui est également cher. Donnez aux infortunés ; donnez de vous-mêmes. Apprenez à étendre votre aura d'amour divin pour embrasser cet autre enfant et enseignez à votre enfant à faire de même. Il n'y a pas de plus grande leçon que vous puissiez lui enseigner en ses premières années de vie, ni de meilleure façon d'assurer son bonheur futur. Triomphez du mal par le bien ; enseignez-lui la joie du pardon ; démontrez comment votre ardent instinct maternel est soumis à votre moi intérieur infiniment plus sage ; faites-lui comprendre que le désir de représailles ne peut être contrôlé que par l'esprit. Selon les paroles de notre Maître bien-aimé : « Quelqu'un te donne-t-il un soufflet sur la joue droite, tends-lui encore l'autre joue ».

Ne vous souciez pas de ce qui pourrait léser le corps. Ce geste, même, peut être le moyen de renforcer votre pouvoir intérieur, de créer par votre amour un rayon de joie dans le cœur du Souverain. Quelle expérience pourrait être plus enrichissante ?

Jésus n'a-t-il pas dit : « Si quelqu'un veut te faire un procès et prendre ta tunique, laisse-lui aussi ton manteau ; te contraint-il à faire une course d'un mille, fais-en deux avec lui ».

Un nouveau concept de justice

Votre enfant a un jouet et le petit voisin s'en empare ; que ce soit en paroles, en action ou en pensée, c'est toujours du vol. L'autre reconnaît que vous possédez quelque chose qu'il n'a pas, quelque chose de désirable qu'il convoite. Cela ne fait que démontrer que vous (ou votre enfant) êtes plus fortunés que le voisin. Comme son besoin de sécurité est grand, une fois de plus, donnez-lui votre amour. À ceux qui critiquent, à ceux qui manquent de sécurité, offrez votre appui et vos éloges sincères. Donnez-leur un coup de main et lorsque votre enfant sera un homme, on n'aura pas à lui enseigner : « Si quelqu'un te contraint à faire une course d'un mille, fais-en deux avec lui ». Son pouvoir intérieur aura alors atteint une telle ampleur qu'il s'assoira, fort et confiant, à la table de conférence, libéré des soupçons et de l'intérêt personnel qui l'aveuglaient, craignant d'avoir à céder quoi que ce soit. Lorsque de tels hommes parleront, une auréole d'intégrité rayonnante émanera d'eux ; ils comprendront la Vérité et parleront comme des frères. S'ils font des concessions, qu'importe ? Car il est écrit : « La vengeance m'appartient. Je m'en charge ».

Laissez à Dieu la justice ; Lui et Lui seul voit tous les aspects. Chacun est jugé selon son aura. Une fois dépouillé de la chair, l'esprit se présente devant les *hôtes célestes* et alors, il n'existe plus de mensonges ni de justifications, car le labyrinthe d'associations du préconscient est abandonné avec la chair et on se trouve face à face avec la Vérité.

Personne ne peut nuire au Maître ; Il n'a aucun besoin de vengeance. Il ne s'intéresse qu'à la justice ; seul l'homme pourrait inventer le mot « vengeance » utilisé ci-dessus comme citation biblique. La seule personne à qui l'on peut faire du tort est soi-même, ce noyau qui doit se soumettre au processus purificateur du remords et du repentir avant que l'esprit libéré puisse entrer dans Sa Demeure ; avant de pouvoir occuper la place que Jésus a préparée pour les esprits terrestres, comme il l'a promis : « Dans la maison de mon Père, il y a beaucoup de demeures... Je vais vous préparer une place. »

C'est ainsi, jeunes mères, que vous pouvez tracer pour vos enfants un chemin facile ou un chemin semé d'embûches. Vous pouvez remplir les classeurs vides du nouveau-né avec de bonnes ou de mauvaises associations ; vérité ou erreur. La façon de guider des parents est de la plus haute importance.

Le défi de l'éducation

Les parents défendent souvent certaines choses à leurs enfants ; d'aller, par exemple, sur des endroits trop élevés d'où ils pourraient tomber, croyant (par erreur) le faire par amour. S'ils examinaient la chose de plus près, ils se découvriraient peut-être, dans leur préconscient, les victimes de cette même peur qui leur fut transmise par leurs parents. Ils s'apercevraient aussi qu'elle se manifeste souvent en paroles et en pensée. L'esprit agile du jeune enfant associera rapidement la peur avec les hauteurs et l'enregistrera dans ses classeurs.

Par contre, vous pouvez prendre l'enfant par la main et, l'amenant avec vous sur un lieu élevé, ajouter à vos paroles l'évidence des yeux (plus il y a de sens engagés dans la démonstration, plus l'impression sera tangible). Laissez l'enfant voir et analyser le danger par lui-même ; il sera influencé par tout le respect qu'il porte à la sagesse de ses parents. Ne lui enseignez pas de peurs morbides, mais plutôt, de façon analytique, d'avoir un respect raisonnable des hauteurs.

Toute personne qui se laisse irriter ou énerver par un enfant manque de maturité. Ne vous engagez point dans une ronde sans fin de réprimandes et de disputes. Méritez l'entière confiance de votre enfant ; mettez un peu plus de temps à prendre vos décisions et tenez-vous-y fermement. Ne succombez pas aux prières et aux supplications enfantines. Lorsque l'enfant ne désire que votre compréhension, ne remplacez pas ce besoin par un cadeau matériel.

C'est pourquoi il est essentiel de s'analyser soi-même avant l'arrivée du bébé, de reconnaître et de vaincre ses propres peurs et erreurs et de pratiquer la maîtrise de soi. Apprenez à vous connaître, car ce n'est pas consciemment qu'on transmet au jeune esprit une peur morbide des orages, des chauves-souris, ou de l'obscurité ; pourtant cela peut lui occasionner un grand tort dans l'avenir.

Dans le cas où les enfants se sont déjà formé de fausses idées, les parents devraient, après s'être purifiés eux-mêmes, être vigilants et profiter de toutes les situations pour leur enseigner la vérité.

Supposons que le plus jeune a l'habitude de jurer. Au lieu de crier et vous plaindre, retirez-vous calmement avec lui pour en discuter. Il n'est aucunement nécessaire de se référer à la théologie. Demandez-lui, tout simplement : « Qu'est-ce qui t'a fait dire cela ? » Écoutez patiemment ses réponses avant de réfuter la logique de l'enfant par la logique spirituelle. Traitez le mensonge et la vantardise de la même façon. Ne *provoquez* pas ces situations, mais n'évitez pas celles qui surviennent. Ne laissez pas passer une parole méchante sans la relever. Le petit animal ne fait qu'exercer ses instincts animaux ; aidez le petit esprit à les vaincre.

Soyez pleinement conscients des graves responsabilités que vous assumez en tant que parents et citoyens de la Terre et de l'éternité. Sachez en toute certitude que votre esprit spirituel est incapable de transmettre une mauvaise pensée et que toute pensée mesquine est d'origine animale. Il n'existe pas de « mauvais esprit ». L'esprit de votre bébé est fait à Son Image. Regardez son premier sourire et constatez-le par vous-mêmes. Nourrissez ce rayonnement intérieur. Accordez à votre enfant la chance d'utiliser ses meilleures qualités pour son propre bénéfice et pour le bénéfice de tous ceux qu'il rencontrera.

Dans les chapitres suivants, nous discuterons des sérieuses conséquences d'une situation où l'esprit charnel et l'esprit divin sont engagés dans une lutte pour la suprématie et de l'existence illogique, misérable et désespérée que cette lutte entraîne.

L'harmonie mentale est le *seul* état de joie et de bonheur que l'homme puisse connaître.

Chapitre 6

LES TROIS LOIS

L'harmonie est la clef d'une vie réussie. Afin de réaliser le potentiel maximum de cette vie et de l'éternité, l'homme doit respecter certaines lois, telles qu'elles sont.

1. La loi sociale
2. La loi naturelle
3. La loi universelle

La loi sociale

La première et la moindre de ces lois varie selon la société dans laquelle une personne naît et reçoit son éducation. Comparativement peu de gens enfreignent les lois sociales car la société est prompte à punir ; soit par ostracisme, critique sévère, emprisonnement ou même exécution, selon l'importance du délit.

Quiconque voyage dans d'autres pays et aborde des milieux culturels étrangers au sien peut facilement voir combien les coutumes sociales des autres sont bizarres, amusantes et souvent absurdes.

Sommes-nous si différents ?

Dans le monde occidental, les femmes se peignent le visage avec des crayons rouges, verts, noirs et bleus, fixent leurs cheveux crêpés avec de la laque, portent des souliers pointus qui n'adoptent aucunement la forme du pied, se perchent et chancellent sur des talons hauts du diamètre d'un crayon. En soirée, la société décrète que les genoux doivent être couverts et le buste dénudé. Pendant la journée la procédure contraire est essentielle, autrement, on risque d'être considéré comme excentrique. En Amérique du Nord, tout cela semble parfaitement raisonnable.

Plusieurs vont à l'église pour obéir aux lois de la société ; ce sont ces mêmes citoyens « honnêtes » dont le préconscient se réjouit à la pensée de pouvoir faire accepter une note de frais gonflée ou de sous-évaluer leur déclaration d'impôt ; peut-être de prendre un crayon ou un « échantillon » au bureau, tout en se justifiant par le raisonnement suivant : « Mais *tout le monde* le fait, ce n'est pas *voler* ».

Quelle valeur accorde-t-on au juste à l'intégrité ? La pensée de voler une banque scandaliserait ces bonnes gens, mais pourtant, plusieurs gaspillent leur pouvoir intérieur pour quelques sous.

Cela en vaut-il la peine ? Bien que, aujourd'hui, ces menus vols passent habituellement inaperçus de la loi sociale, il n'y a pas si longtemps, on punissait de plusieurs années d'emprisonnement le vol d'une pomme de terre. Un homme pouvait perdre sa vie pour avoir volé un pain pour ses enfants affamés.

Pourquoi vendre son honneur pour dix cents, un dollar ou dix dollars ? Pourquoi réjouir le préconscient prédateur ? Vous pouvez facilement enfreindre la loi de la société, mais c'est aux dépens de l'esprit, car il est écrit : « Bénis sont les purs qui marchent dans la voie du Seigneur ».

De « bonnes » gens s'habillent pour la messe de manière à attirer l'attention sur leurs charmes physiques et sont plus occupés de ce qui se passe autour d'eux qu'intéressés à chercher humblement leurs propres imperfections.

Certaines gens sont envieux, ils gardent rancune et brisent la loi spirituelle, tout en simulant l'amitié, se prosternant non pas devant la Déité mais devant la société.

Les mariages de convenance n'offrent pas une base solide pour une vie heureuse. « Prestige » devient le mot clé. L'attention entière est mise sur le trousseau de la future mariée, les cadeaux, la lune de miel, les invités « appropriés », le menu, les toasts, etc. ; les qualifications convenables du futur marié incluent son physique, son salaire, ses biens matériels, son standing dans la société.

Voilà ce qui retient l'attention entière des parents !

Ces mêmes parents déborderont de sympathie et de conseils pour consoler leurs enfants qui font face à des difficultés conjugales. Puis ils pourront plus tard hocher tristement la tête et dire : « Nous leur avions fait un si beau mariage ».

La préparation à une vie conjugale réussie commence dès la naissance de l'enfant et se poursuit tout au long de son éducation avant son mariage. La recette du bonheur adulte est toujours la même.

Les gens civilisés ne songeraient jamais à cracher dans leurs salons ; pourtant on y donne libre cours aux remarques mesquines et offensantes. Ils feraient mieux de cracher. En parlant de ce qui est « bien » et « immaculé », ils devraient moins songer à la mode vestimentaire et aux possessions matérielles et évoquer en eux-mêmes l'image de ces gens plus propres et sans tache qui marchent sur le chemin de la droiture.

Il n'y a cependant rien de mal dans les valeurs matérielles, pourvu qu'on les considère comme des objets plaisants et non pas comme des éléments essentiels.

Examinez les lois de notre société, si transitoires et amusantes, faites et défaites par l'homme. À Rome, il semble donc préférable de faire comme les Romains, pourvu que la nature et l'Esprit ne soient pas offensés.

La loi naturelle

L'homme se complaît à mesurer son intelligence à la loi de la nature, essayant de résoudre ses secrets et de sonder ses mystères. Rien n'exalte plus l'ego animal que la conquête apparente de son créateur physique.

En fait, la nature de sa façon implacable, est en train de gagner haut la main la bataille de l'intelligence. Les méthodes de la nature peuvent sembler lentes, elles sont néanmoins extrêmement certaines.

La science peut maîtriser les maladies actuelles, mais la nature, comme toujours, poussant les espèces vers le prochain stade d'évolution, peut créer des risques bactériens bien plus grands que tout ce qui existe à l'heure actuelle. La science elle-même cause les nouvelles maladies que la prochaine génération de scientifiques aura à traiter.

Tout comme les mouches ont développé une immunité au DDT, la défaite d'un ennemi naturel entraîne l'apparition d'un spécimen encore plus puissant.

Même si l'homme était capable de vaincre la loi fondamentale de la nature, cette victoire entraînerait finalement l'extinction de notre espèce, comme conséquence de l'explosion démographique.

Car la loi de la nature est la loi de la vie et de la mort ; les espèces vivent aux dépens l'une de l'autre, et la loi de la survivance du plus adapté régit le progrès de chacune. Pour la nature, l'homme est un produit dont elle peut disposer à sa guise pour propager et améliorer l'espèce. Elle le retourne ensuite à la terre où il sert de nourriture aux formes de vie inférieures qui cheminent le long de l'échelle du progrès. Sa requête est simple.

Si un enfant ne se lave pas les mains avant les repas ou s'il quitte la table sans s'excuser poliment, les parents le réprimandent. « Cet enfant est d'un bon milieu, on lui donne une bonne éducation ».

Mais traite-t-on avec la même sévérité les méchancetés et les petits mensonges ? La jalousie, l'envie et le manque de considération sont-ils corrigés aussi promptement ? Ou les parents s'efforcent-ils de combler leur enfant de toutes les choses matérielles que son cœur désire ? Lui passent-ils tous ses caprices ? N'encouragent-ils pas son ego ?

« Donnez-lui une chance », dit le père. « Il est encore jeune, il va se corriger ». Par quel miracle, pensez-vous ?

Il n'est jamais trop jeune, semble-t-il, pour regarder la télé, jamais trop jeune pour se brosser les dents, pour gober des histoires de coquins célèbres dans les illustrés ou pour regarder des films violents, mais il est trop jeune, n'est-ce pas, pour apprendre les éléments de base de la maturité.

Quelle chance aura donc cet enfant lorsqu'il devra affronter les obstacles créés, en fait, par l'indulgence de parents sans jugement ?

D'une façon ou d'une autre, la société moderne sera blâmée pour toutes les erreurs sans qu'aucun effort concret ne soit fait pour arriver à la racine du problème. Quoique à l'heure actuelle, des armées de « spécialistes » sont formées pour s'occuper des conséquences des erreurs parentales qui se manifesteront par une nouvelle génération de délinquants juvéniles. Les fausses valeurs, voilà notre problème.

Nous acclamons les meilleurs athlètes de la nation, les femmes les plus photogéniques et les meilleurs résultats scolaires. Est-ce là la norme idéale sur laquelle devrait se fonder la fierté nationale?

Nous rendons un culte à l'intelligence qui n'est qu'un heureux mélange de chromosomes. Arrêtons-nous plutôt pour penser au mérite de la stabilité et de la sagesse intérieure. Récompensons l'intégrité, la générosité et les services rendus aux autres. Rendons hommage à tout ce qui est vertueux et pur; voyons la beauté comme un rayonnement brillant qui émane à travers la chair.

Toute cette question se résume bien dans la chanson « On Ilkley Moor 'Thout 'At » (Sur la lande d'Ilkley sans un chapeau) : « Si vous allez sur la lande d'Ilkley sans un chapeau, vous attraperez votre mort et les vers de terre viendront vous manger, puis les canards viendront manger les vers, puis l'homme viendra manger les canards et donc ils vous auront mangé. »

Même la pauvre chenille fait vivre des formes de vie beaucoup plus petites qu'elle. Aucune créature ne peut échapper à cette loi inévitable. Tout organisme entretient d'autres formes de vie, quoiqu'elles puissent être microscopiques. Si jamais cette chaîne de vie était brisée, des répercussions sans fin entraîneraient l'extinction de beaucoup d'espèces.

La science peut lutter sans relâche pour faire pencher la balance en faveur de notre espèce, mais le délicat équilibre de la nature saura inverser le processus, de la façon mystérieuse qui lui est propre.

L'homme serait sage de prêter une grande attention aux avertissements de la nature, d'écouter ses ordres du mieux qu'il le peut. L'évolution a formé notre charpente animale et saura régler tout écart ou indifférence à la suprématie de ses lois.

Une coexistence harmonieuse est la clé de notre bien-être. Dans ces pays où la faim n'est pas un problème, l'inquiétude ainsi que l'excès et l'abus de nourriture, de tabac, d'alcool et de drogues peuvent constituer une offense naturelle aussi grave que celle dont sont victimes ces infortunés qui manquent de nourriture, d'habitation et d'habillement adéquats et qui, ainsi, enfreignent la loi naturelle.

Durant soixante-dix ans environ, la nature doit réclamer son dû de l'humanité, tandis que nous utilisons ses structures que sont nos demeures charnelles. C'est une affaire équitable, comme le propriétaire qui vient encaisser le loyer. Coopérez! Jésus a dit: «Rendez à César ce qui est à César». Une bonne santé est une valeur matérielle importante; un besoin physique essentiel.

Obéissez à la loi de la nature au lieu d'essayer de contourner ses décrets par l'artifice et les pilules.

Le dinosaure est un excellent exemple pour l'humanité. Il a disparu de la face de la terre, car il n'a pas évolué « mentalement ». À cette époque, les conditions écologiques lui convenaient. Aussi, il atteignit une taille colossale, mais il manqua de développer un sens de prévoyance. Il n'eut pas *besoin* de penser.

Aujourd'hui, une personne sur cinq est mentalement totalement active (c'est-à-dire qu'elle utilise de 4% à 6% de sa pleine capacité). Les autres n'utilisent que 2% de leur capacité mentale. Il ne suffit pas d'absorber la connaissance des autres, pourtant nous nous contentons de laisser un petit nombre penser pour les masses et même de déléguer les grands problèmes aux machines. Le conformisme est notre idéal et la sécurité financière est souvent l'objectif.

Les appareils mécaniques et l'abus des divertissements ne sont que deux des facteurs qui contribuent à la dégénérescence de l'esprit. La vie est satisfaisante, confortable et elle nous plaît. On n'a plus besoin d'exercer son cerveau pour survivre. Sans doute le dinosaure a-t-il pensé ainsi en son temps ; mais la nature avait d'autres plans.

Tout le monde comprend l'importance des vitamines et des sels minéraux, le temps de sommeil adéquat, l'utilité de l'exercice et la quantité de calories dans la ration, ce qui est très louable. Repos, relaxation, plaisir, amusement, satisfaction, tout cela bien dosé est très raisonnable. Mais combien de temps passe-t-on à pratiquer la simple contemplation d'autrefois ? La nature n'aurait-elle pas d'autres projets pour notre espèce ? C'est une pensée intéressante !

Songez à la pompe et à la gloire de Ninive, de l'empire romain, de l'ancienne Égypte et plus récemment, des Tzars ; « penser » n'était pas le passe-temps préféré de leurs chefs. Ils se sont plutôt vautrés à satiété dans le confort matériel, négligeant totalement les leçons que l'histoire leur enseignait parce qu'ils étaient complètement aveuglés par leur ego et par cette fausse image qu'ils avaient d'eux-mêmes, selon laquelle ils se croyaient plus fins que leurs prédécesseurs. Autre pensée intéressante!

N'oubliez jamais que la durée de notre séjour sur cette terre est des plus temporaires.

Reconnaissant ce fait, les parents passeront-ils encore des nuits blanches à s'inquiéter des résultats scolaires de leur enfant? Trembleront-ils d'anxiété s'il ne réussit pas à être un des plus populaires aux yeux de la société? Seront-ils bouleversés par le moindre malaise ou le plus petit rhume? S'énerveront-ils et se fâcheront-ils pour des bagatelles, tout en négligeant l'essence même de leur enfant : son esprit?

La science est inutile à la fin; toute chair est sujette aux lois de la mort et de la décomposition. Sans Sa sagesse, nous périrons tous en tant qu'individus, nations et espèce.

Pourquoi désirer la lune? C'est une base de lancement commode pour une destruction générale de nos confrères terriens. Il y a déjà suffisamment de puissance sur notre propre planète pour s'anéantir totalement. Une fraction du budget des forces armées pourrait mettre fin au problème de la sous-alimentation. Comment une personne saine peut-elle raisonner autrement?

Voyons l'homme tel qu'il est; non pas le héros triomphant de notre imagination, mais plutôt cette pathétique petite forme qui lève le poing contre la force même qui élimine son espèce par millions et milliards sur l'autel du progrès. Telle est la loi de la nature.

La loi universelle

La loi de l'univers, Sa loi, existait avant la création de la Terre et existera toujours.

La loi de l'Univers est la loi de l'Esprit. Elle gouverne tous les mondes à travers l'étendue de Son domaine où résident des créatures spirituelles, aussi bien que cette portion de l'univers qui ne contient d'autre monde que celui de l'esprit.

Les planètes sont comme des galets sur le bord de la mer de l'Infinité.

Le pouvoir de Dieu est tel qu'Il peut, à volonté, gouverner toutes choses animées et inanimées et Il voudrait que je vous dise maintenant qu'il n'y a pas d'autre planète comme cette Terre et qu'il n'y a pas d'autres créatures aussi entêtées et barbares que l'homme.

Il a envoyé, sans fin, des messagers sur cette planète, guidés par Ses Archanges, pour enseigner à l'homme les lois de conduite qui l'engageraient sur la bonne voie, non seulement de l'Éternité, mais de la bonne entente entre les hommes. Il les a envoyés guider l'humanité vers une vie de joie désintéressée, avec suffisamment de biens matériels pour tous.

Au lieu d'extraire la pure sagesse de Ses messages, les hommes se sont chamaillé à propos de balivernes. En ce qui concerne les écrits de la Bible, les gens se demandent qui a écrit les divers livres ? Quand furent-ils écrits ? Est-ce vérité ou fiction ? Y a-t-il des passages qui sont mal interprétés ? Qui a raison ? Qui a tort ?

Tous ceux qui se disputent sur des banalités semblables ont tort.

Que signifient ces arguments puérils sinon que l'homme manque encore de foi, qu'il demande encore des preuves interminables de Son existence et qu'il refuse d'admettre l'étroitesse de son concept de la Déité. « Une rose, même si elle portait un autre nom, sentirait toujours la .rose ». Il vit ! Combien il vit !

Les hommes peuvent être divisés en deux catégories : ceux qui acceptent la loi de l'Esprit, qui s'élèvent ainsi à des niveaux indicibles de pouvoir intérieur, et les désobéissants qui dégénèrent de plus en plus en un état quasi animal.

Pour les tièdes, il n'y a rien.

L'homme fut tiré des bêtes de la jungle et il a reçu l'étincelle divine. Dieu l'a voulu ainsi. Sa règle de conduite est la loi universelle de l'Amour. « Aimez-vous les uns les autres comme Je vous aime Mes enfants ».

« Je vous dis encore ceci que Je demeure avec vous parce que l'esprit en vous est comme un nouveau-né ».

Son Amour ressemble à celui du père terrestre, sage, patient, qui guide ses enfants vers la maturité ; Il les aime non pour leur perfection, mais parce qu'ils sont Ses enfants.

La loi spirituelle est inévitable ; personne ne peut la violer, ni sur terre ni sur aucune autre planète.

Aucun être spirituel n'est de naissance trop noble ou trop inférieur pour éviter le jugement universel ; aucun n'est trop supérieur ou inférieur mentalement pour s'en faire excuser. Que la voie soit couverte de roses ou d'épines, c'est une question de choix individuel, mais chacun doit suivre cette voie. Il y a plusieurs routes et chacune conduit au sommet de la vérité, qu'elle parte des enseignements du Christ, du Bouddha, de Lao-Tseu, de Confucius ou d'autres, car tous servent Un Maître. Il n'y a qu'un Être Suprême, et la loi spirituelle reconnaît l'égalité et la responsabilité individuelle de chaque enfant spirituel du Père.

Au sommet de la vérité, il y a communion ; comme-union de pensée avec le Père !

Lorsque le besoin s'en faisait sentir, des prophètes étaient envoyés aux nations pour qu'ils demandent à Dieu de guider ces dernières. Mais dans toute l'histoire humaine, le besoin n'a jamais été plus pressant qu'à l'heure actuelle. Tenant entre ses mains le pouvoir de sa propre destruction, l'humanité a maintenant à faire face à des problèmes aux proportions terrifiantes.

Le Père ne manque pas de tenir les promesses qu'Il a faites à l'homme, même si ces temps de grande tribulation sont causés par l'homme lui-même qui néglige de garder *ses* promesses faites au Père. Ne nous a-t-il pas dit, mille et une fois : « *N'adorez pas l'œuvre de vos mains ni de votre intelligence, ne regardez pas les choses de la chair car elles sont matérielles* ».

Adorez la vérité ; cherchez la vérité ; aimez-vous les uns les autres !

Ne prétendez pas être sage et changer la gloire d'une Déité incorruptible en image d'homme corruptible.

Quantité d'atrocités ont été commises au nom de l'idéologie. Alors qui montrera l'autre du doigt, ses faiblesses et ses cruautés passées ? Qui jettera la première pierre ? Cette même génération qui a causé Belsen, Hiroshima, l'apartheid et Little Rock ? Et les tièdes, ceux qui se tiennent à l'écart et refusent de s'engager, seront-ils déclarés innocents ?

Puis, il y a ces « chefs chrétiens » qui préconisent des lois sur le divorce plus flexibles. Est-ce là la conclusion qu'a apportée l'intercession de la prière ? Est-ce là confiance et obéissance ? Au contraire, c'est soulager les problèmes immédiats de l'égoïsme animal et de l'erreur pour créer des répercussions sans fin dans les générations et les familles futures qui seront le résultat d'une série d'unions « légales ». Qui jugera les innocents et les coupables? Qui *peut* juger parfaitement, si ce n'est le Jugement même? Dieu a *toutes* les réponses, *toutes* les solutions.

Ne nous a-t-il pas commandé : « Allez dans le monde enseigner le salut, enseignez à Mes enfants de m'aimer et d'obéir à Ma loi » ?

Est-ce donner aux gens une « direction chrétienne » que de préconiser le divorce? N'est-il pas écrit qu'il a laissé les quatre-vingt-dix-neuf brebis qui étaient dans le troupeau pour aller chercher la brebis égarée? Le Bon Pasteur veille sur son troupeau.

Croyez-vous que l'esprit animal conçoive une seule parole ou une seule pensée dont l'Esprit ne soit parfaitement conscient? Il est omniprésent.

On peut se tromper soi-même, les masses peuvent se tromper, nations et sectes peuvent se tromper; tout cela est futile car on ne peut pas tromper Dieu.

Le spécimen de l'humanité le plus vil, l'homme le plus animal au monde a en lui l'étincelle divine. Cherchez-la profondément; nourrissez cette étincelle; donnez de *vous-même* à cet homme et s'il vous frappe sur la joue gauche, présentez la droite.

Cet homme est votre frère qui est tombé; votre brebis égarée. Cet homme est sur votre chemin pour que vous puissiez mieux comprendre l'amour; l'amour à travers le service.

Ne prêchez pas à cet homme pour vous en retourner pieusement à la maison et croire que votre devoir est accompli. C'est l'attitude de ceux qui prient pour les affamés avant de s'attabler à un repas copieux.

Mettez-vous à l'œuvre; salissez vos mains, fatiguez vos muscles, exercez votre pouvoir intérieur pour qu'il ait la chance de croître.

La question du contrôle des naissances n'est aucunement liée à la loi de l'esprit, sauf en ce qui a trait à la motivation égocentrique. Je réitère cette déclaration puisque d'innombrables souffrances ont été causées à cet égard, au nom de Dieu.

Le ministère chrétien requiert initialement une reconsécration et une purification personnelle, la reconnaissance de sa faillibilité animale, une communion constante avec l'Esprit, un effort sincère, une mise en pratique énergique aussi bien que la soumission de la volonté personnelle à Sa Volonté.

Il est nécessaire d'examiner de plus près Jésus-Christ, notre exemple. Si Jésus ne l'a ni dit ni fait, ne permettez pas à une éducation moderne de détourner sa parole.

Le pouvoir de perception de l'homme est si inférieur à celui du fils de Dieu que l'impertinence de vouloir «améliorer» son enseignement est signe d'une vanité incommensurable. Ne vous laissez pas aveugler par le matérialisme.

La loi de l'Esprit supplante les lois de la nature et de la société; elle ne changera pas d'un iota durant toute l'éternité et toute modification apparente est simplement due au fait que la mentalité humaine a été amenée, petit à petit, à recevoir la prochaine étape du progrès spirituel, l'étape finale.

La responsabilité du bon pasteur ne doit pas être prise à la légère, ni avec la pensée de servir d'autre maître que le Maître. «Tu adoreras le Seigneur ton Dieu, et lui seul tu serviras». Le pasteur ne peut pas servir Dieu et Mammon.

L'histoire est pour les historiens. Les travailleurs sociaux peuvent prendre soin des problèmes sociaux. Il y a également une place pour les directeurs de loisirs. La charge des besoins spirituels de ses enfants est un devoir sacré et spécial qu'on ne doit jamais entreprendre seul, mais en communion avec Sa volonté.

Il a formulé le souhait que le langage utilisé ici soit si direct et si simple que personne ne puisse manquer de le comprendre. S'il y a un doute, la responsabilité d'une mise au point appartient au lecteur. Je suis, comme toujours, votre servante et Sa servante. « Que celui qui a des oreilles entende ».

Que chaque esprit digère la Parole par lui-même et pour lui-même au lieu de se fier aux opinions des autres, car son sens précieux risque d'être déformé et embrouillé par une fausse interprétation ou par une pensée confuse. Sa parole est trop importante et sa signification trop glorieuse. Nous ne serons plus jamais des naufragés sur la mer du doute. L'homme n'est pas un animal qui sera consumé par la nature. L'esprit de Dieu est en lui, son lien avec l'Éternité est assuré. L'univers est gouverné par l'Amour, la Sagesse et la Vérité.

Au cours des siècles passés, l'intellect prédateur des chefs s'est approprié la Parole et l'a accommodée à ses propres besoins. Ils ont utilisé la Vérité à leur glorification personnelle et ils ont enseigné aux autres à faire fausse route. Il aurait mieux valu qu'ils ne soient jamais nés.

Enlevez les écailles de vos yeux. Seul Celui qui est Suprême peut conquérir, accorder la vie éternelle et illuminer la voie de la paix sur la terre par l'amour fraternel et le service envers l'humanité.

Bien-aimés, écoutez la voix de l'esprit à l'intérieur de vous. Communiez avec l'Esprit. La Vérité ne cesse de crier en chacun de vous. Trouvez un endroit tranquille, priez, méditez, ressentez le calme et la paix qui imprègnent votre être ; faites l'expérience de cette poussée du pouvoir intérieur à mesure que vous lui rendez Son amour.

Aucun homme ne peut servir deux maîtres. Vous ne pouvez servir Dieu et vous-même.

Jésus a dit : « Mon Père et moi sommes Un », car il avait atteint cet état d'être idéal, cet état de communion : comme-union avec l'Amour, comme-union avec la Sagesse ; comme-union de pensée avec Dieu Son Père ; notre Père.

Telle est la loi de l'univers. Que chaque esprit soit finalement Un en pensée avec l'Esprit, et avec ses frères esprits.

Pour l'homme charnel, c'est impossible, mais avec Dieu, *tout* est possible.

Jésus l'a expliqué ainsi : « Et je prierai le Père, et il vous donnera un autre paraclet pour être avec vous à jamais. L'Esprit-Saint, que le Père enverra en mon nom, vous enseignera tout ».

L'Esprit-Saint, le fragment personnel du Créateur qui habite en chaque homme, brille au plus profond de nous. Il attend d'être libéré de sa prison d'erreurs charnelles et désire ardemment enseigner la Vérité, la communion, la réconciliation avec Dieu.

Ainsi, Il a envoyé un autre messager. Comme un voleur dans la nuit, peut-être... pas pour les fidèles, pas pour ceux qui désirent ardemment être libérés par la prière et la méditation, qui veulent se défaire du doute et connaître l'Infini... pas pour ceux qui attendent patiemment d'être baptisés par l'Esprit-Saint, ceux dont le pouvoir intérieur fut continuellement nourri par des actes de bonté et à qui sera maintenant accordée la compréhension qui permettra la libération et la percée totale de l'esprit.

Tout ce qu'on peut connaître de Mon Père, vous pouvez l'avoir en le demandant. Demandez et vous recevrez.

« Non ! la main du Seigneur n'est pas trop courte pour sauver, ni son oreille trop dure pour entendre. Mais vos iniquités ont creusé un abîme entre vous et votre Dieu. Vos péchés ont fait qu'il voile sa face pour ne pas vous entendre. »

Isaïe 59 : 1-2.

Qu'y a-t-il à craindre, sauf le déshonneur, quand la chair assume sa place véritable, au deuxième rang dans notre échelle des valeurs, quand on voit clairement ses possessions matérielles pour les bagatelles temporaires qu'elles sont ? Ouvrez ce fichier mental marqué « peur » et pulvérisez chaque mythe à la lumière de la raison. N'écoutez pas les paroles incohérentes des puissants de ce monde.

César, à son heure, se voyait tout-puissant. Où est César aujourd'hui ? Grands Césars, petits Césars, tous retourneront à la poussière.

Comment peuvent-ils faire peur à l'homme spirituel qui écoute d'abord sa voix intérieure et qui est un en pensée avec le Maître ?

Syntonisez votre volonté à la loi de l'univers et tout tombera en place, sans effort ni erreur.

Chapitre 7

HYGIÈNE MENTALE

Un privilège unique

L'être humain moyen qui, selon les experts, ne fonctionne qu'à 4½% de sa pleine capacité mentale, est incapable de comprendre que cet infime pourcentage peut être développé au point où l'esprit contrôle toutes les maladies physiques.

Le simple fait de naître fait de nous un candidat à la Grâce. Ne vous conduisez plus comme si quelqu'un essayait de vous vendre quelque chose que vous ne voulez pas acheter. Si l'amour de l'Esprit pour nous n'était pas sans limites, il lui serait totalement indifférent que la population terrestre entière commette demain un suicide atomique global. Dieu n'a rien à y perdre ou à y gagner. Son domaine est spirituel; notre Terre, un minuscule grain de matière.

Seuls les terriens peuvent bénéficier du contact avec Lui. Quand il y a des myriades d'êtres universels qui s'empressent de faire sa Volonté, notre hommage est insignifiant. C'est l'*amour* que l'homme ne peut comprendre parce qu'il est incapable de le rendre.

Seul le désordre malsain de l'esprit mortel peut attribuer d'autres motifs à une Déité incorruptible.

En plus, lorsque l'ensemble des expériences d'un individu est concentré dans un seul domaine, il est encore moins capable d'être large d'esprit et d'accepter impartialement une nouvelle connaissance, parce que ses associations antérieures sont trop fermement encastrées dans son expérience. Un effort surhumain sera nécessaire pour ouvrir les coffres-forts du snobisme intellectuel.

Cela explique pourquoi un de nos plus récents messagers célestes, Mary Baker Eddy, fut si mal accueillie. Ses écrits ont été bénéfiques à un grand nombre mais beaucoup d'autres y sont restés fermés. Les philosophes et les chefs religieux les ont ignorés, alors qu'ils auraient dû être les premiers à se jeter à ses pieds et à mettre leurs propres concepts étroits en corrélation avec sa connaissance. Ils les ont ignorés parce que cette femme ne possédait pas une éducation classique. Il se peut fort bien d'ailleurs que Jésus-Christ aussi n'ait pas su lire ni écrire.

Vous voyez là la conséquence terrible qu'il y a à laisser s'infatuer l'esprit animal qui s'admire et qui manque d'humilité. Une fois de plus se manifeste cette attitude : « Ce que nous ne comprenons pas, nous le rejetterons », qu'ont montrée les pharisiens à l'égard de l'homme parfait. L'homme a aujourd'hui une vision tout aussi limitée et même s'il a recours à des modes d'expression plus subtils, il croit encore que ses idées préconçues sont supérieures.

Notre capacité d'absorber la connaissance est constamment limitée par notre manque de désir et de volonté d'apprendre. L'étudiant passionné peut dépasser les autres par sa seule ténacité. C'est ce qui s'est produit, d'ailleurs, vers la fin du dix-neuvième siècle, lorsque le Maître, poursuivant l'accomplissement de son Plan, a donné un aperçu de la Vérité à Sa servante bien-aimée, Mary Baker Eddy, la fondatrice de l'*Église de la Science Chrétienne*. C'est à cette pionnière qui a vu une facette de la Sagesse encore inconnue que ce chapitre est dédié avec reconnaissance.

La guérison spirituelle

Parmi les bienfaits du pouvoir intérieur, il y a ce qu'on appelle communément la guérison « spirituelle » ou guérison par la « foi ».

Évidemment, dans un jardin d'Éden, il n'y a pas de place pour la maladie. Si vous pouvez vaincre la chair, la maladie est vaincue. Défaites-vous de l'erreur des fausses associations et vous avez tout vaincu, vous êtes devenu l'homme nouveau, pur sans peur, incapable d'être motivé par rien d'autre que ce qui est acceptable par le Bien-Aimé.

Nous avons essayé de montrer comment, dès le premier cri, une lutte s'engage à l'intérieur de chaque enfant ; les puissances de la chair contre les puissances de l'esprit. Nous avons montré comment le parent qui comprend le problème peut faire pencher la balance et lancer son enfant dans la vie, plein de pouvoir intérieur, prêt à répandre son influence pour le bien, servant ainsi le Créateur, l'humanité et lui-même.

Mais qu'en est-il de l'autre enfant que ses parents dans leur ignorance, condamnent, en le privant d'appui, à vivre sa vie terrestre au service de l'animal ? Quoiqu'il soit né avec les mêmes qualités spirituelles que l'enfant bien élevé, son esprit immature doit, pour être reconnu, combattre des obstacles insurmontables.

En aimant son protégé, le petit esprit prend sur lui les fautes de la chair. C'est comme si ce nouvel esprit brillant et étincelant se faisait graduellement emmurer dans une prison, à mesure que les erreurs s'accumulent ; à mesure que l'adolescent cherche les gains matériels, le wattage spirituel se ternit peu à peu et s'affaiblit.

Lorsque cet imbroglio d'erreurs s'intensifie au point que le préconscient ne peut plus contenir sa culpabilité, malgré toutes les formes de justification possibles, il se débarrasse de ce poids accablant en refoulant ces pensées dans les replis cachés de ce qu'on appelle le subconscient, là où l'esprit attend, toujours prêt à alléger le fardeau de son protégé bien-aimé.

La culpabilité

Pourtant, l'homme, toujours insatisfait, continue à remplir le préconscient d'erreurs de plus en plus grandes jusqu'à ce que, désorienté, égaré, il s'effondre ; alors la science s'écrie : « Nous trouverons de nouvelles drogues pour combattre les maladies mentales, pour remplir les patients de tranquillisants, pour les jeter dans l'inconscience et ils guériront. »

La culpabilité est la principale maladie humaine mortelle. La confession est une forme de diagnostic personnel, mais à moins d'être faite en parfaite honnêteté, elle est complètement inutile. Après avoir trié vos fautes majeures, regardez quels sont vos plus grands plaisirs. Coûteront-ils aux autres un moment de malheur ou d'inquiétude ? Si oui, débarrassez-vous-en. Ensuite, examinez vos peurs. La peur est animale et certainement, lorsqu'on est submergé par l'intérêt personnel, il y a beaucoup à craindre : la douleur, la mort animale, la perte de sa virilité, la peur d'être abandonné, les revers financiers, les années qui s'accumulent ; ou peut-être avez-vous peur des planchers qui craquent la nuit, du vent qui siffle lorsque vous êtes seul dans la maison, de l'obscurité, de la brume sur la lande ? Toutes ces choses créent une atmosphère qu'on nous apprend à craindre pendant l'enfance et cette peur est nourrie par de subtiles associations dans les films qui suggèrent que la terreur nous guette la nuit et qui renforcent l'illusion de l'existence d'un démon mal défini. Des éducations différentes créent des peurs différentes, mais on peut réduire à néant chacune de ces illusions en les admettant, en les partageant et en les examinant jusque dans leurs moindres détails, ce qui vous permet de rejeter chaque minuscule pensée du préconscient sur lesquelles ces peurs sont basées, entremêlées de façon si complexe et inextricable.

Une bonne hygiène mentale est la *seule* façon de parvenir à la santé.

La confession éclaire les faiblesses charnelles ; la méditation renforce les ressources intérieures, elle peut être aidée par la compréhension de la vérité et de la logique des commandements de Dieu et elle se voit confirmée par les résultats de la prière. Tout cela donne foi dans le pouvoir qu'a l'Esprit de guérir et de conquérir la chair.

Ce n'est que par votre foi qu'Il vous connaîtra et vous aidera. L'Amour vient avec la foi et cette combinaison produit infailliblement des résultats.

L'échec de la guérison spirituelle est invariablement dû à l'esprit animal qui se trouble et s'inquiète, incapable de vaincre les doutes et les peurs puisqu'il manque de foi et d'amour et qu'il entrave le libre passage du pouvoir intérieur qui apporte les instructions nécessaires à la guérison de l'esprit spirituel au conscient. À moins que l'esprit animal n'oublie complètement le problème, on peut dire que l'état propice à l'hygiène mentale fait défaut.

Cela explique pourquoi, quelquefois, la guérison est rapide, mais peut quelquefois prendre un certain temps à venir. Le retard est causé par l'esprit animal, jamais par un manque de pouvoir spirituel comme l'humanité aimerait le suggérer.

C'est particulièrement vrai de ceux qui ont essayé, sans résultat, la guérison spirituelle, parce qu'ils étaient motivés par l'esprit de lucre ou par la curiosité. Nourris par l'intérêt personnel, les cinq sens ont été entraînés à voir uniquement ce que l'esprit animal veut qu'ils voient, à entendre exclusivement ce que l'ego veut entendre et ils sont donc émoussés par l'erreur constante. C'est ainsi que l'esprit de l'homme a perdu le pouvoir de faire ce qu'autrefois il pouvait accomplir pour lui.

Si elle est remise dans la bonne voie, la chair reconnaîtra et acceptera ces faits. L'animal est toujours disposé à apprendre si on lui présente un sujet intéressant et la guérison est évidemment un sujet des plus fascinants. Il sera heureux de remettre à l'esprit la direction totale dans ce domaine.

Si le poète Milton avait eu la sagesse de comprendre que sa cécité n'était pas la volonté de Dieu mais un décret de la nature et s'il avait utilisé cette certitude pour combattre la maladie plutôt que de l'accepter comme inévitable, il aurait facilement recouvré la vue.

Les organismes inférieurs sont sujets à la loi de la nature, tout comme l'homme est dominé par la chair. Notre intention est de libérer l'intellect humain pour permettre à l'esprit spirituel de contrôler le corps et de combattre les envahisseurs.

Donc, une fois de plus, soyez convaincu de ce que l'hygiène mentale manque, même dans le meilleur des hommes. L'individu satisfait qui croit vivre une vie bien équilibrée démontre, du fait même qu'il se voit ainsi, que son esprit est fermé à toute amélioration et aux capacités offertes par son potentiel cérébral restant (95.5%). À quel point votre processus de pensée est-il vraiment libre? Si vous pouvez aboutir à une réponse honnête de 4½%, alors vous avez une chance, puisque vous avez reconnu l'étroitesse de vos concepts et que vous avez démontré la bonne volonté d'apprendre.

Si, cependant, rien ne peut ébranler cette conviction que vous avez d'être un peu supérieur dans votre éthique ou votre idéologie, les chances que vous avez de développer votre pouvoir intérieur sont diminuées proportionnellement au degré de restrictions que vous vous imposez.

Lorsque Jésus disait qu'il était plus facile pour un chameau de passer par le trou d'une aiguille que pour un homme riche d'entrer au paradis, il n'exagérait pas. La richesse dont il parlait n'était pas nécessairement matérielle.

Le culte du moi

La trop grande satisfaction de soi, dans toutes ses diverses manifestations, paralyse l'avancement spirituel. Il est plus facile pour l'homme pauvre d'admettre ses lacunes, de voir au-delà de ses limites éphémères, de concevoir une meilleure vie dans l'au-delà et de chercher à s'améliorer. Il *admet* que, face à son Créateur, il est assez petit pour passer par le trou de l'aiguille.

Par contre, celui qui est infatué de son succès, de son pouvoir, de ses richesses, de son matérialisme, incapable de réduire l'image qu'il a de lui-même à ce degré et « gonflé » de suffisance, ne peut espérer accomplir un tel exploit.

Pourtant, on doit entreprendre cette tâche. Si ce n'est pas sur cette planète, ce sera ailleurs. Il est sûrement préférable de se réduire à sa taille réelle dans l'intimité relative du corps chimique qu'une fois nu devant l'infini.

Imaginez une nation guidée par l'esprit ; elle serait libre de ces dépenses astronomiques qui vont à la défense nationale, aux pénitenciers et au service de police ; le budget pour la santé nationale serait radicalement réduit. Cette nation, vouée aux causes humanitaires et à l'avancement spirituel, pourrait voir les choses telles qu'elles sont et chaque citoyen, uni à ses camarades, fonctionnerait au maximum de ses capacités.

Les accomplissements remarquables d'une telle nation retentiraient à travers le monde et finalement, tous les peuples de la terre se mêleraient librement entre eux. Le racisme, un mot populaire au cours des plus sombres années du vingtième siècle, disparaîtra finalement du dictionnaire ainsi que ces autres mots désuets tels que crime, discrimination, secte, guerre, paresse et folie.

La question n'est pas : « Est-ce possible ? »

Mais : « Dans combien de temps ? » La réponse dépend de l'individu et du degré d'effort que chacun est prêt à fournir afin d'atteindre cet état de santé et d'équilibre mental qui sera transmis à la postérité.

Il y a, aujourd'hui, tant d'exemples d'associations erronées graves qui détruisent l'esprit animal qu'il est difficile d'en choisir un plus valable qu'un autre. L'« egomanie », tout comme la culpabilité, est un destructeur certain ; le manque de direction spirituelle, la luxure incontrôlée infligent d'indicibles souffrances à la victime et à ceux qui sont déchirés par son égocentrisme. Il est futile de chercher à utiliser le pouvoir de sa propre volonté dans de tels cas. La soumission totale de la volonté charnelle à la volonté de l'esprit est le seul espoir dans les cas extrêmes. Le pouvoir de la volonté n'est même pas nécessaire lorsqu'on se fie au pouvoir intérieur.

L'abus des boissons alcooliques, des cigarettes, de la nourriture, les résultats habituels des pressions d'une vie et d'une pensée déséquilibrées s'effacent devant la vérité. La foi, à elle seule, saura faire le pont au-dessus du premier gouffre. La foi et la sincérité sont essentielles lorsqu'il s'agit de préparer l'esprit à accepter une direction spirituelle.

L'Esprit Infini connaît toutes les faiblesses de la chair et sait comment les surmonter. Lorsque l'erreur est éliminée par les procédés exposés plus haut, l'esprit spirituel a librement accès à ses frères célestes qui ne cherchent qu'à ajouter leur pouvoir au sien et à aider leurs camarades spirituels pris dans la chair à surmonter les ennemis : les micro-organismes qui cherchent à agresser le corps.

Le préconscient apprend à s'effacer lorsque le conscient perçoit de la douleur, permettant ainsi à l'esprit spirituel de prendre le contrôle. C'est une pratique assez commune en Orient. Comme l'explique l'*Église de la Science Chrétienne*, l'animal cesse de lutter et s'en remet au pouvoir intérieur, certain que son besoin sera satisfait, car il satisfait chaque besoin spirituel une fois que l'esprit est clair.

Déclin de la matière

Quel est le but de ces tentatives scientifiques qui cherchent à ajouter une vingtaine ou une trentaine d'années à votre vie, ou à prolonger vos années de fécondité ? L'explosion de la population est un problème qu'on doit déjà affronter. Lorsque les années avancent et pèsent sur les épaules de l'animal, ceux qui sont spirituellement dominés sont prêts et ont hâte de passer à un niveau de vie supérieur, fiers de savoir que sur cette Terre, ils ont fait de leur mieux. La mort physique est l'occasion d'une ascension glorieuse.

La matière s'usera puis se décomposera, la poussière redeviendra poussière ; mais l'étincelle infinie prendra son essor, libérée de son enveloppe matérielle, exaltée par son retour vers la Source.

On ne comprend pas toujours jusqu'à quel degré l'esprit gouverne le corps. On affecte le système de communication en administrant des drogues à la légère, ce qui peut entraîner des conséquences néfastes.

Tout produit chimique qui agit sur le cerveau doit avoir des effets secondaires, car cet organe complexe dirige le fonctionnement corporel de plusieurs façons à la fois. Quoique, pour le Maître-Esprit, le cerveau soit comme un livre ouvert, l'homme a encore bien du chemin à faire avant d'atteindre cet état de connaissance idéal.

Les déformations et déficiences infantiles en sont des exemples pathétiques. Tandis que le corps de la mère forme l'enfant, son esprit est en train de former son plan de croissance. Regardez ce qui est arrivé aux dinosaures qui possédaient, eux, un régulateur défectueux.

C'est pourquoi la régulation spirituelle des fonctions du corps est tellement souhaitable. Pourquoi laisser un amateur y toucher quand on a un spécialiste sous la main ?

Les malaises de la future maman peuvent non seulement être absorbés par son pouvoir intérieur mais aussi par celui de son époux, s'ils vivent en étroite harmonie. L'esprit de ce dernier passe quelquefois cette connaissance à son conscient sans utiliser le préconscient. Un si haut degré de télépathie mentale spirituelle exige une harmonie étroite entre les deux partenaires.

Repoussez les superstitions ; mais ne rejetez pas la parcelle de vérité qui est à l'origine de beaucoup d'histoires de « bonnes femmes ». N'oubliez jamais que l'esprit spirituel ne peut être vu et que ses pouvoirs ne peuvent être analysés par l'homme.

Vous souvenez-vous de cette époque où les grands-mères jetaient dans les toilettes d'étranges mixtures, avec la certitude que cette pratique guérirait les verrues ? C'était parfois efficace. Car une fois débarrassé de cette action de l'esprit préconscient, l'esprit spirituel était libre d'entreprendre son travail de guérison. Voilà la foi !

Combien de fois notre Seigneur n'a-t-il pas dit : « Ta foi t'a guéri » ?

C'est précisément l'effet que les sanctuaires et les oratoires ont sur les gens de certaines religions. La foi en est le secret.

Puisez à cette source d'énergie infaillible. Rappelez-vous cependant que l'homme animal est mortel et que le Maître ne veut aucunement minimiser l'excellent travail accompli par la profession médicale. La science de la matière, proprement appliquée à la matière, travaille pour le bien de l'humanité et le plus grand avantage devrait être tiré de ses ressources pour un succès rapide dans certaines maladies.

Dans le cas d'une blessure, soyez raisonnable. Il est évident qu'on ne doit pas ignorer une artère qui saigne, mais ici aussi, l'esprit-maîtrise peut apaiser les douleurs et accélérer la guérison. Une personne qui a un pouvoir intérieur bien développé n'aurait aucune difficulté à guérir seule une telle blessure. Mais avant tout, il faut avoir du bon sens. Des années d'entraînement peuvent être nécessaires avant que l'esprit spirituel protège complètement le physique. Il n'est pas possible d'obtenir rapidement cette protection, elle nécessite une grande connaissance de la part de celui qui pratique.

Le médecin qui est guidé spirituellement rend un service inappréciable en combinant la sagesse à la compétence scientifique. Les médecins comprennent les procédés analytiques et les résultats des réactions chimiques sur le corps. Dans certains cas, une intervention chirurgicale pourra permettre d'accélérer la guérison et supprimera les douleurs superflues.

Pour les générations futures, lorsque la régulation spirituelle aura lieu dès la naissance, la guérison se fera si discrètement que les symptômes de la maladie ne seront pas apparents et, pour ainsi dire, coupés. La vie en sera bien simplifiée.

Les principes de la guérison spirituelle peuvent être démontrés par l'histoire de deux enfants qui vont dans un champ cueillir des fleurs. Tous les deux se font assez sérieusement piquer par les moustiques. L'enfant qui a un pouvoir intérieur est absorbé par son travail et n'y prend pas garde.

L'autre est tout à fait affolé par les piqûres ; il frappe, se gratte, et son préconscient exagère le désagrément.

Au retour des enfants, les parents du premier admirent d'abord les fleurs. Ensuite, ils lui donnent peut-être un livre à lire, tenant ainsi occupé l'esprit animal tandis que l'esprit spirituel se met au travail.

Les parents de l'autre enfant s'inquiètent de ses misères et s'empressent de lui administrer des médicaments entretenant ainsi la douleur dans l'esprit du jeune garçon. «Comment te sens-tu maintenant?» ne cessent-ils de lui demander. Lorsque l'esprit physique est ainsi tenu agité, l'esprit spirituel n'a pas la possibilité d'agir.

Le deuxième enfant apprend à avoir foi dans les médicaments, à donner de l'importance à ses douleurs physiques, à accepter, au cours de sa vie adulte, des douleurs mentales exagérées, manifestées à l'occasion de toutes sortes de maladies organiques; on lui apprend à s'affoler au premier malaise et à s'empresser de rechercher un soulagement immédiat.

Un grand pourcentage de diagnostics médicaux sont aujourd'hui très justement classés comme des maladies psychosomatiques, ou indirectement liés aux troubles psychosomatiques.

Peut-on s'étonner qu'on demande si instamment aux parents de réviser leur façon de penser?

La guérison par le pouvoir intérieur est réelle, pratique et tout à fait logique. Ne l'oubliez jamais. Elle n'a rien de commun avec la superstition et la supercherie. Beaucoup de gens se laissent leurrer par cette arrière-pensée: «Ça ne m'est jamais arrivé, donc ça n'est pas possible et si cela était, je serais forcé d'admettre que ma façon de penser est mauvaise, et c'est impossible».

Osez admettre que vous avez des pensées du préconscient fausses et vous serez entièrement sain.

Chapitre 8

LES PROPHÈTES

Et il y eut l'Atlantide

J'ai reçu la connaissance et la compréhension de ces choses, comme on assemble les pièces d'un gigantesque puzzle. Elles apparaissent, au début, comme un méli-mélo impossible de morceaux disparates, puis elles s'agencent une à une pour finalement former une image complète, étonnante de simplicité et de clarté.

Si la foi est notre point de départ et l'amour de la vérité notre motivation, la connaissance se met en place, élément par élément et on est rempli d'émerveillement devant l'immensité du dessein de l'Esprit éternel. Puis, on est consterné de voir à quel point la *conscience et l'accomplissement spirituel* de l'humanité ont rétrogradé.

Il y a 15 000 ans, Dieu n'était pas un étranger pour l'humanité.

Il y avait à cette époque, un énorme continent qui occupait alors une bonne partie de l'océan Atlantique et sur cette péninsule, qu'on appelle aujourd'hui l'*Atlantide*, se trouvait une grande métropole, le centre de la connaissance.

Les gens qui l'habitaient connaissaient la voie du Maître et vivaient selon Son dessein. Leurs esprits animaux avaient appris à vivre en harmonie avec l'Esprit, à travers des générations d'entraînement. Depuis longtemps, ce peuple avait compris le fonctionnement de l'instinct charnel, l'art de contrôler l'esprit physique et, à travers lui, le corps animal. Leur vie était remplie de paix et de joie.

Tous les sens étaient beaucoup plus éveillés qu'aujourd'hui. L'homme moderne s'émerveille de l'acuité des sens de l'ouïe, de la vue et de l'odorat chez les animaux inférieurs, mais la race dont je vous parle avait une acuité sensorielle aussi grande.

Ils vivaient une vie de service mutuel, de bonheur et de santé ; la transmission de pensée, la télépathie mentale et la guérison spirituelle étaient chose commune.

C'était un pays de vertes collines et de somptueuses vallées, la végétation était luxuriante et les récoltes riches.

« Il y avait des géants sur la terre en ces jours-là ». Et tel était Loliad, mon ange gardien bien-aimé et mon professeur.

Mais comme nous l'avons montré, le Maître-Esprit ne commande pas aux éléments. Et, à la suite de certains cataclysmes,[1] la marmite bouillonnant sous la croûte terrestre a débordé, entraînant l'anéantissement de l'Atlantide, ce centre de la spiritualité. Ces géants ont

---

1. La cause de la disparition de l'Atlantide comme continent est expliquée en détail dans les livres *Keph-a-Ra* et *Loliad-R-Kahn* de cette collection.

disparu de la face de la terre et leur grande sagesse et leur culture furent perdues pour la postérité. Ce fut la plus grande tragédie de l'histoire humaine. Seuls quelques vestiges de la civilisation, éparpillés aux limites du continent, furent sauvés. Les Aztèques qui vivaient à l'ouest de la capitale de l'Atlantide, formaient un groupe distinct ainsi que les peuples à l'est du continent.

Le peuple choisi

La race dont je vous parle était le peuple choisi dès l'origine ; choisi par le Maître pour enseigner au reste de l'humanité. Sa sagesse et Son amour — les Juifs, les fils d'Adam. Pour remplir leur destinée, les Juifs modernes devront nécessairement changer radicalement leur façon de penser.

Combien Il pleure pour Son Israël, Sa bien-aimée à qui Il a promis, à travers Abraham : « En toi, toutes les nations seront bénies ». Son fils est né parmi vous Israélites, pour être une lumière dans le monde, pour éclairer les Gentils et être la gloire de Son peuple.

Le *Sion* de Yahvé ne se trouve sur aucune carte ; il est le signe de l'union de tous les hommes dans un seul but spirituel. Allah, Yahvé, Jéhovah sont Un. Le Dieu d'Abraham est l'Être Suprême, le Père du fils.

C'est le message que Jésus a transmis à travers Paul : « Hommes d'Israël et vous qui craignez Dieu, écoutez le message de Dieu. Le Dieu du peuple d'Israël a choisi nos pères et a exalté son peuple lorsqu'ils étaient étrangers dans la terre d'Égypte. Hommes et frères de la lignée d'Abraham, et vous ici présents qui craignez Dieu, c'est à vous que ce message de salut est envoyé ».

Ô peuple d'Israël, la circoncision n'a aucun sens à moins que vous n'aimiez Dieu dans votre cœur. Ne soyez pas entêté et de mauvaise volonté ; ne permettez pas à une poignée de pharisiens égocentriques, qui ont vécu il y a près de 2 000 ans, de vous éloigner de la vérité. Soumettez votre fierté à l'examen du pouvoir intérieur.

Il vous appelle de tout son cœur. Que vous êtes béni aux yeux de Dieu ! Il m'a demandé de souligner ce point. Rougissez du fait qu'une fille d'incirconcis doive vous réprimander. Au plus profond de votre cœur, songez à ces questions. Maintes et maintes fois, Il a montré qu'Il réprimande ceux dont Il attend le plus. Dans votre course vers le matérialisme et le nationalisme, ne perdez pas de vue l'importance de votre héritage spirituel.

Matthieu, le disciple de Jésus, a rapporté : « N'avez-vous pas lu l'oracle dans lequel Dieu vous dit : "Je suis le Dieu d'Abraham, le Dieu d'Isaac et le Dieu de Jacob" ? Ce n'est pas des morts mais des vivants qu'il est le Dieu ! » (Mt 22:32)

Personne ne vous demande d'être déloyal envers Yahvé. Ne voyez-vous pas l'agonie que vous avez créée dans l'Esprit du Maître, en ce que vos fautes, les fautes de vos pères, sont toujours transmises à vos enfants. Repens-toi ô Israël ; rachète humblement tes fautes, je t'en prie, non pas par une simple reconnaissance verbale publique ; c'est bon pour les hommes. Mais cherchez-le dans vos cœurs et repentez-vous au plus profond de vous-même. « Œil pour œil, dent pour dent » ; cette loi n'est plus valable. Le Nouveau Testament de votre prince montre la voie de la prochaine étape de développement spirituel ; offrez l'autre joue et marchez le deuxième mille, maintenant que ce livre, Son Dernier Testament, proclame la réalisation spirituelle suprême sur Terre.

Les enfants de la Terre

Depuis le temps d'Adam, le Maître a envoyé des directives à Ses enfants terrestres ; Il a appelé Ses serviteurs et S'est servi d'eux pour expliquer en langage animal, Son but pour l'humanité. Il n'est pas facile d'enseigner à l'esprit par l'intermédiaire du préconscient charnel. Chaque impulsion sonore qui frappe le tympan traverse la grille de l'ego et de l'erreur avant de se faire reléguer en désordre, au fond d'un classeur, après avoir été accommodée aux mille associations antérieures. Toute critique qui atteint l'esprit physique suscitera instantanément la protestation de la fausse fierté qui voudra la classer dans cette section du préconscient marquée « déplaisant ».

Les paraboles servaient, jadis, à surmonter ce problème mais, elles aussi, se prêtaient à des interprétations erronées.

Aimant tout et toute chose, le Maître n'a pas limité la connaissance spirituelle à un groupe ou à une race. Des « hommes-dieux » ont été envoyés chaque fois que c'était nécessaire et partout où le besoin s'en faisait sentir. L'essence du message ne varie jamais ; pourtant, les interprétations de l'homme varient tellement que souvent la pureté de la pensée originelle est entièrement perdue. Tout comme le Bouddha assis sous son arbre a vu des danseuses (convoitise de la chair), le corps du Christ a crié pour son pain (un autre besoin physique).

C'est une grave erreur de confondre le serviteur avec le Maître. « Tu n'aimeras que le Seigneur ton Dieu », ce fut leur message ; jamais « Aimez-moi ». L'homme s'est créé des sectes parce qu'il a été incapable de distinguer entre le serviteur et le Maître, le Fils et le Père. Dieu est Suprême.

Ne dites donc pas entre vous : « Je suis chrétien », « Je suis juif » ; dites : « Ma gratitude et mon amour pour Jésus-Christ sont sans limites en ce qu'Il m'a montré la voie vers Dieu », ou « Je me réjouis du fait que le judaïsme m'ait conduit vers l'Éternité ». Dites tous : « Je suis un enfant de l'Être Suprême qui règne sur l'Univers ».

Ayant été élevée dans la foi protestante, mon esprit préconscient est plus capable d'interpréter Dieu en termes que, personnellement, je peux plus facilement comprendre. Pourtant, ces explications-là s'appliquent à toutes les religions. Les prophètes de Dieu luttent contre les cruautés charnelles qui les entourent, en utilisant tous les moyens verbaux à leur disposition, afin de faire entendre Son message d'Amour.

Moïse, le chef

Après le grand cataclysme et la destruction de l'Atlantide, ce fut, parmi les hommes, une lutte pour la survie, une exigence de l'évolution pour la protection de l'espèce et la survivance du plus fort. Cet état de choses a entraîné luxure, cupidité et d'incroyables atrocités.

La plupart des grands esprits spirituels furent perdus. La dégénérescence s'est progressivement répandue, de sorte qu'au temps de son premier grand prophète (Moïse), l'humanité était déchue des grâces de Dieu et avait rétrogradé à un comportement presque entièrement animal. Même Sa race choisie pour enseigner Sa parole avait dérogé, quoiqu'elle fût encore, sur Terre, le groupe le plus éveillé spirituellement.

Essayez, si vous le pouvez, de comprendre la tâche énorme qui incombait à Moïse. Il devait présenter la Pensée incorruptible de l'Esprit à une poignée de disciples corrompus et opprimés.

L'Esprit Infini voyait la Terre comme un Paradis Terrestre où les hommes se promèneraient librement avec l'esprit et la nature, sans agression ni oppression. Les Juifs avaient dû travailler sans merci, comme des animaux, sept jours par semaine, sans relâche ni repos. Imaginez le cœur affligé du Créateur qui voit Ses enfants spirituels si terriblement accablés par la chair.

Dieu fit en sorte que Moïse reçoive l'éducation qui le préparerait à être un chef et celui-ci s'est efforcé d'interpréter la Parole de Dieu de façon à ce que les hommes de l'époque puissent la comprendre et la respecter.

Moïse comprenait les qualités spirituelles infinies de Dieu, mais il devait tout d'abord dompter les hommes animaux et lascifs qui l'entouraient. À cette fin, il leur a donné les dix commandements, alors qu'il n'y en avait que deux : « Aimez-Moi et aimez-vous les uns les autres ».

Qu'il est triste de voir l'homme patauger, aujourd'hui, dans la bourbe d'une ignorance identique, essayant d'obéir à ce qu'il ne comprend point.

Essayez d'examiner les commandements de Moïse à travers les yeux de son peuple ainsi qu'à travers la lumière de la vérité, telle que le Maître la révèle maintenant.

1. Tu n'auras pas d'autres dieux que Moi. Pensez aux cruautés commises au nom « d'autres dieux », quand Dieu est Amour.

2. Tu ne construiras aucune idole ni image gravée. Car tout ce qui est matériel est contraire à l'Esprit et induit en erreur.

3. Tu ne prendras pas le nom du Seigneur ton Dieu en vain. Aimez-moi, comme Je vous aime, Mes enfants.

4. Tenez sacré le jour du sabbat. Je vous demande, une journée par semaine, de cesser votre recherche des biens matériels et de contempler les affaires de l'esprit. Cela vous aidera à mieux Me comprendre, et cela vous sera rendu au centuple.

Puis Moïse commit son erreur fatale dans le but de gagner le respect de son peuple qui ne pouvait espérer comprendre l'Esprit, mais qui comprenait bien la suprématie de la nature de l'homme. Alors Moïse a utilisé une parabole pour expliquer que Dieu avait créé la Terre, afin de justifier l'observance du sabbat. Le Seigneur a sûrement béni le septième jour pour permettre aux Israélites de déposer leurs outils et de nourrir leurs âmes, de jeter bas l'animal et de communier avec l'esprit.

5. Honore ton père et ta mère. Suivez leur enseignement, la sagesse de leur maturité. Les parents qui sont guidés spirituellement doivent être révérés parce qu'ils éclairent le chemin de leurs enfants. De grâce, rendez-leur hommage.

6. Tu ne tueras point. Aimez-vous les uns les autres.

7. Tu ne commettras pas l'adultère. Surmontez les faiblesses de la chair.

8. Tu ne voleras point. Faites aux autres ce que vous voudriez que l'on vous fasse.

9. Tu ne porteras pas un faux jugement contre autrui. Cela ne fait qu'emmêler l'esprit et paralyser la personnalité.

10. Tu n'auras pas de convoitise. La richesse matérielle, c'est la pauvreté spirituelle.

L'esprit est non sectaire

La tâche de Moïse était d'engager une fois de plus son peuple dans la voie ascendante. L'homme n'a pas compris qu'il s'agissait là des *toutes premières* étapes vers le salut. Les Juifs n'ont pas reconnu leur Roi, le Prince du Ciel ; leurs idées préconçues les ont portés à voir le royaume terrestre de Dieu comme un champ de bataille sanglant d'où ils sortiraient victorieux et conquérants. Mais pouvons-nous condamner autrui ? Pensons-nous si différemment aujourd'hui ?

Nous comprenons assez bien le pouvoir matériel et la gloire. Nos petits esprits croient que notre propre nation est « digne » de conquérir les autres, nourris que nous sommes par la propagande amplifiée par des journalistes à sensation dont le but est d'éveiller nos instincts animaux : la crainte de perdre nos possessions, la suspicion des idées et idéologies nouvelles.

Pourtant, nos Églises pardonnent des attitudes blasphématoires et le mépris des choses sacrées. À la naissance d'un enfant, l'esprit lui est donné ; en d'autres mots, le jeune animal est « baptisé » par le Maître. Les parents, soumis à la coutume de la société, se soumettent au rituel traditionnel. On choisit des « parrains » et un beau vêtement dans lequel envelopper le bébé. On fait des vœux sacrés devant Dieu et les hommes ? Les parents s'attendent-ils à ce que les parrains gardent leurs vœux ? Les choisissent-ils selon leurs qualités spirituelles ? Jusqu'à quel point le prêtre va-t-il insister pour que les parrains accomplissent leur devoir ou que des personnes convenables soient choisies ? Quel appui recevrait-il des chefs de son Église s'il offensait quelqu'un en insistant ?

De *tous* les hommes, le théologien devrait être le premier à dire : « Dieu aime tout le monde également », les rites du baptême, de la circoncision, etc., les cérémonies païennes ne transforment pas l'enfant d'un iota aux yeux d'un Père dont l'Amour est inaltérable. Sans sincérité, *toute* cérémonie est vaine.

La supériorité religieuse ou nationale est un non-sens. Le salut est une affaire purement personnelle. La voie vers Dieu est introspective, non pas extérieure. Le Christ n'a jamais enseigné autre chose. En effet, l'homme peut baptiser avec de l'eau, implanter une marque de caste, mais qui d'autre que le Maître peut accorder l'Esprit Saint ? Et qui d'autre que l'homme oserait penser autrement ?

À l'heure actuelle, peu de gens savent ce que c'est d'être libre des faiblesses de la chair, d'être en communion. Certainement pas celui dont le « désir » contient une demande personnelle pour sa protection corporelle, dont les prières sont dignes de César. Dieu est Esprit ; demandez-lui de la nourriture pour l'esprit.

Comment la religion peut-elle réconcilier « la résurrection des corps » d'une part et « la poussière retournera à la poussière », d'autre part ? La poussière en poussière ? En effet ! L'esprit, lui, retournera dans l'Infini ! La religion doit être saine et raisonnable. Les composés chimiques se décomposeront, se désintégreront, selon la loi de la nature. Si les corps étaient capables de ressusciter, ils seraient capables de résister à la destruction. Cette chair frêle que nous dorlotons n'est utile que comme « camp d'entraînement » pour la vertu, afin de préparer l'esprit à sa tâche future dans une forme de vie infiniment plus avancée. L'esprit charnel ne peut espérer comprendre ces réalités.

L'Esprit est invisible, indivisible, impérissable, infini ! Vie éternelle ! Le remords, ce sont les « feux de l'enfer » de la purification à travers laquelle nous devons tous passer.

L'esprit est non sectaire ; il ne fait pas de distinction de race, de croyance, de culture, de langage terrestre ou de dogme.

Jusqu'au temps de Jésus, les prophètes étaient la meilleure façon pour le Maître de transmettre son plan, compte tenu de leurs qualités de guides et des circonstances. Autrement, Sa parole n'aurait pu être répandue et n'aurait pas été retenue pour la postérité. L'humanité dut être conduite délicatement et graduellement préparée à recevoir Sa révélation finale, Son plan qui permettra aux terriens de vivre comme Il l'avait originellement conçu.

Les « oiseaux des champs » représentaient des créatures inférieures et montrent que Dieu ne se préoccupe pas de vêtements, de qualités intellectuelles, de standing social ou d'éducation terrestre. Il ne voit que l'aura brillante qui émane de l'homme.

Qui osera se tenir devant lui pour dire : « Sur Terre, j'étais un roi », ou « J'étais un grand scientifique » ; « J'étais un avocat, instruit dans toutes les affaires terrestres » ?

L'Esprit dira : « Ne parle pas de ces choses de la Terre, car la vie terrestre n'est plus. Parlons plutôt d'affaires spirituelles, dis-Moi plutôt quels sont tes accomplissements spirituels. As-tu servi tes frères ? Qu'as-tu sacrifié pour le plus petit d'entre les miens, dont tu puisses dire que tu M'as aussi servi ?

La vie éternelle, ce n'est pas une théorie, c'est une réalité. Vous pouvez vous en moquer. Le jour viendra vite où vous aussi vous devrez faire face à la réalité. De quoi est constituée votre liste ? Qui d'entre vous peut dire à quel moment les affaires terrestres disparaîtront, quand le sablier sera vide ? Demain, il sera trop tard pour commencer à expier car, la chair étant faible, demain ne vient jamais.

Le Maître, s'Il l'avait désiré, aurait pu envoyer son fils comme un puissant empereur romain ou un géant, ce qui aurait démontré que Dieu est matérialiste. Jésus a seulement montré que Dieu était esprit, le contraire du matériel, l'opposé de l'égoïsme, du cynisme et de l'ego, de l'instinct animal.

« Rendez à César ce qui est à César et à Dieu ce qui est à Dieu », contrôlez vos instincts pour qu'ils s'harmonisent avec la vertu. Quelle richesse l'homme parfait a-t-il accumulée sur cette planète ? Quels trésors et objets d'art a-t-il collectionnés au nom de Son Père ? Quelle richesse, a-t-il dit, plairait à Dieu ? Quels fins vêtements ? Son propre diable personnel lui a offert le choix de n'importe quel succès matériel, la luxure, les honneurs, ou la gloire aux yeux des hommes. Aujourd'hui, notre choix est identique. Ah ! que l'humanité s'empresse de chercher les richesses spirituelles avec la même ardeur qu'elle met à rechercher les biens matériels ! Au fond, nous craignons que les autres se moquent de nous, qu'ils nous raillent et que l'humilité ne nous apporte que du mépris.

Il y eut un tel homme, dynamique, très intelligent et fort respecté par sa génération. Un animal qui, par de fausses associations, adorait l'idole de son propre éclat, qui se pavanait comme un paon devant le monde. Il décida d'accroître encore plus son statut aux yeux des hommes en mettant fin à tout ce « non-sens » qu'enseignait l'homme parfait. Il mit ouvertement son Dieu au défi. Jésus, ayant maintenant accompli son ascension, a vu en Saül l'occasion de faire Sa démonstration décisive. L'Esprit a renversé Saül sur la route de Damas et lui a dit, en fait : « Tu ne vas pas plus loin ; fais demi-tour et je vais remplir, de la Lumière de la Vérité, ton esprit durement éprouvé. Une à une, j'enlèverai de tes yeux les écailles de l'erreur charnelle, je ferai mon chemin à travers chaque faute, je défoncerai les briques qui emprisonnent ton pouvoir intérieur et je te révélerai ton moi incarné, ton véritable moi». Et Paul, le béni, le bienheureux saint Paul, l'animal brillant, se voyant dans la lumière de la Vérité, est tombé d'un seul coup dans le remords et un sens profond de l'humilité.

Plus la place qu'ils occupent est élevée, plus leur chute est abrupte ! Pour d'autres, la transformation vient plus graduellement.

La compréhension foudroyante de ses erreurs s'est déversée dans un épanchement de prose d'une beauté et d'une profondeur incomparables. Les écrits de Paul révèlent un intellect pénétrant, travaillant sous la direction de l'esprit. Lire ses lettres, c'est comprendre l'homme qui « mourait chaque jour » de remords pour ses erreurs.

Sous la douce influence de Jésus-Christ, beaucoup de disciples s'étaient tellement habitués à travailler avec l'esprit qu'ils ne voyaient pas, aussi clairement que Paul, cette distinction entre la médiocrité de la chair et la réalisation soudaine et glorieuse de la vie spirituelle sur Terre.

Il en sera ainsi pour la génération actuelle ; pour certains, l'aveuglante lumière viendra d'une réalisation instantanée ; pour d'autres, ce seront les joies moins spectaculaires de la découverte quotidienne. Mais nous devons tous nous arrêter, car voici cette génération est celle qu'Il a choisie. Ayant compris Sa loi, vous êtes sujet à la Loi et ainsi serez-vous jugé.

Il n'y aura aucun éclair soudain, aucun spectacle.

Pour les humbles, nous offrons l'histoire de la vocation de Samuel qui est si bien décrite par le révérend J.D. Burns. Il nous raconte comment, une fois la pompe et la cérémonie du temple terminées pour la journée, l'humble petit Samuel veillait. Dans sa confiance innocente et sa simplicité d'enfant, il ne connaissait aucune barrière entre lui et Dieu. Sa mère, Anne devait être une femme sage et admirable; car il n'y avait chez Samuel aucun labyrinthe d'idées préconçues pour assourdir l'oreille ou aveugler l'œil à l'appel de Dieu. Que vous puissiez être comme Samuel, humble de cœur, à la foi douce et totale. Qu'il est facile d'entrer au ciel par le chas de l'aiguille pour ceux qui sont comme lui et quelle difficulté pour ceux qui sont fiers!!!

L'homme parfait est notre exemple; fier devant l'homme, humble devant l'Omnipotence; fier de la certitude qu'il avait d'accomplir de son mieux la volonté de son Père; jamais fier de sa personne; toujours en adoration émerveillée, reconnaissant son insignifiance devant le Créateur.

En insistant sur le christianisme, nous ne voulons en aucune façon déprécier le travail de ceux qui ont été choisis pour éclairer les peuples de civilisations plus anciennes. Toute « religion » est l'œuvre de Son esprit, enseignée de la façon la plus acceptable aux associations du préconscient des divers groupes culturels et conçue de façon à satisfaire leurs plus grands besoins. Tous les chemins conduisent à un seul sommet: l'Homme Nouveau.

Chapitre 9

UN MESSAGE DE LOLIAD

L'arc-en-ciel personnel

Il y a peu d'espoir d'obtenir du succès en enseignant une matière qu'on ne connaît pas bien, donc je laisse ce chapitre à l'expert Loliad-R-Kahn, archange, la gloire du Conseil Intérieur.

Quelque peu humoriste, « Loliad » est le premier à insister sur la prononciation correcte de son nom, prononcer « L'Iliade ». Sept mille ans d'influence céleste n'ont aucunement atténué sa vivacité d'esprit et ont servi à huiler les rouages d'un progrès assidu. Il a dû avoir une patience infinie pour réduire la pleine capacité de sa mentalité (100%) au 4½% requis pour éduquer cet instrument que je suis. Toute introduction superlative que je pourrais faire serait complètement insuffisante et comparativement au Maître, Loliad n'est qu'une ombre. Je tiens à souligner qu'un archange diffère d'un ange en ce qu'il a une mission particulière à remplir parmi les esprits terrestres, plutôt que servir la Volonté Omnisciente à travers l'Univers.

On appelle « aura » le rayonnement intérieur qui émane de chaque être humain ; elle fluctue selon l'humeur individuelle et son degré de luminosité varie selon sa force et sa pureté.

On peut la comparer à une aurore boréale, ou à un arc-en-ciel chatoyant ou terni par endroit, suivant la gravité de l'humeur de l'animal à n'importe quel moment donné.

Des illustrations de l'aura, au chapitre précédent, sont destinées à donner une idée de l'apparence que peut avoir l'aura dans trois cas différents.

Différentes pensées et actions se manifestent par différentes couleurs (ou longueurs d'onde) dans l'aura, selon qu'elles sont motivées par l'esprit ou par la chair. L'aura, ou le corps de pensée, se compose de la somme totale de toutes les pensées (ou couleurs) qui ont été injectées dans l'aura. D'abord une couleur prédomine, puis une autre s'ajoute, puis un mélange de deux ou trois, mais il y a toujours un ton prédominant qui reflète le mieux la pensée du préconscient de l'individu. L'état idéal, c'est d'avoir une aura qui se compose de toutes les couleurs de l'arc-en-ciel, pures, sans tache. Cet état idéal s'atteint par degrés. Souvent cependant, les couleurs sont mixtes, de type médiocre, un champ de bataille où ni la chair ni l'esprit ne prédomine.

C'est ainsi que brille l'esprit qui prend sur lui « les fautes de la chair ». C'est cette portion éternelle de l'humanité qui s'en retourne au Maître lorsque le corps est abandonné.

Il ne sert à rien de courir à un miroir et de scruter votre image, votre *halo* ne paraîtra pas. Beaucoup, déçus, diront : « Je ne vois pas mon aura, donc ça n'existe pas ». Je leur suggère de mettre le doigt dans une douille de lampe pour vérifier l'électricité. Le courant vous

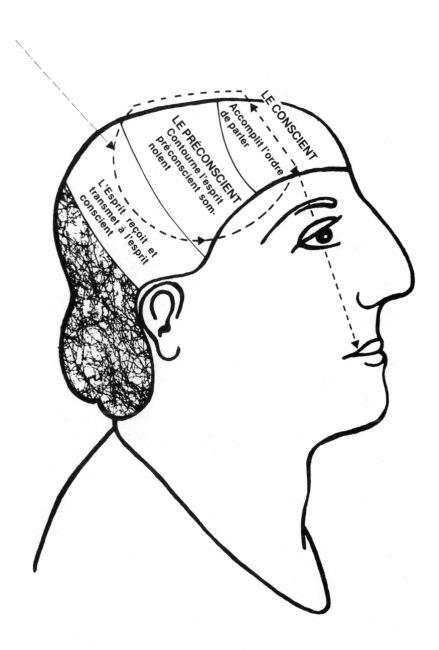

LE CONSCIENT

Accomplit l'ordre de parler

LE PRÉCONSCIENT
Contourne l'esprit préconscient somnolent

L'Esprit reçoit et transmet à l'esprit conscient

Une pulsion de pensée pure venue du guide est transmise à l'esprit conscient du «médium», en contournant le préconscient somnolent.

montrera qu'elle est bien là, tout comme le pouvoir de l'aura qui entoure l'homme, mais qui est invisible à la majorité des yeux humains.

Si les auras étaient visibles aux yeux des terriens, quelle *attention* ils porteraient à la leur, s'efforçant de la garder immaculée ! Non pas, cependant, pour le bénéfice de Dieu, mais pour rehausser leur prestige aux yeux des hommes. Que notre Père est généreux, en protégeant l'humanité de cette erreur. Avec quelle douceur, il guide nos pas.

Pourtant, du point de vue céleste, c'est ainsi que les humains apparaissent à l'Esprit. Quelle collection de « sépulcres blanchis » doit-Il contempler !

Issue de la Vérité, l'aura ne peut mentir, ni « cacher » les erreurs animales. Elles sont là, pour ainsi dire, dans toute leur splendeur. Avant d'entrer dans Sa demeure, l'aura doit redevenir immaculée, sans tache, mais de couleur plus profonde et plus intense que lorsqu'elle est arrivée sur Terre. C'est précisément de ce problème que nous avons traité aux chapitres précédents.

« Vous ne l'emporterez pas au paradis », c'est une phrase populaire. Mais de fait, on *amène* avec soi sa richesse ou sa pauvreté spirituelle. Il n'y a pas d'alternative.

Les questions spirituelles d'ordre plus technique sont extrêmement difficiles à expliquer en langage humain. Essayez d'imaginer que les taches de l'aura ont un certain poids. Elles peuvent être pesées pour vérifier le degré exact de souillure. Ce poids peut être le résultat de plusieurs petites erreurs ou de quelques fautes majeures, chacune s'ajoutant au poids de l'ensemble.

Si vous traduisez cela par une expression comme « cela me pesait sur la conscience », vous avez une bonne idée de ce dont il s'agit.

Une personne dont la conscience (ou l'esprit) est active sur cette Terre, éprouvera moins de remords que celle qui est si satisfaite de son animal ; elle peut être considérée comme morte spirituellement. L'esprit est également jugé selon le degré d'effort qu'il a mis à stimuler l'esprit animal vers un état de conscience spirituelle ; le manque d'effort crée ce vide spirituel des *tièdes* qui choisissent la médiocrité et qui seront rétribués en conséquence.

La science contre la superstition, voilà une idée excellente car la science prouvera, finalement, que le mal ou les mauvais esprits n'existent pas, que le démon est une invention de l'esprit animal pour expliquer ce qu'il ne peut comprendre, pour excuser ses instincts charnels, pour passer sous silence le fait que l'homo sapiens est l'espèce la plus vindicative que l'évolution ait produite sur Terre.

La science combattra l'ignorance et rien n'est plus louable. La science décèlera les mystères de la matière ; voilà qui est très utile !

Mysticisme et spiritualisme

La perception extra-sensorielle est vieille comme Adam et, jusqu'à un certain degré, accessible à tous. Pourquoi les « vivants » et les « morts » ne communiqueraient-ils pas ? Pour l'homme spirituellement orienté, la ligne de démarcation entre les dimensions est à peine perceptible. Mais la curiosité morbide de celui qui est avide de sensations ne fera que l'écarter davantage de la vraie voie. L'esprit charnel analytique qui essaie d'expliquer l'esprit en termes physiques sera dans l'impasse.

En soutenant que leur secte est dotée d'une plus grande connaissance que les autres, certains spiritualistes laissent suggérer que Dieu a ses préférences, ce qui est faux. Le spiritualisme [1] enseigne que la grande règle « Aime ton prochain comme toi-même » a préséance sur les autres règles de comportement, ce qui est vrai d'ailleurs de tout enseignement religieux, mais aucun esprit ne communique sans la permission du Maître, ou l'ordre de Son Conseil.

Il y a plusieurs années, lorsque les opprimés avaient bien besoin de consolation, ces visites de l'au-delà étaient assez communes et pas du tout insolites. C'est ainsi que le Conseil tenait les gens informés au sujet de l'éternité et conscients du Monde de l'Esprit et les aidait à gravir l'échelle de la lumière.

Le mysticisme, en général et en Amérique du Nord en particulier, est tenu pour absurde. Les races plus « primitives », cependant, reçoivent quotidiennement des preuves de l'existence de l'au-delà. Chaque fois que nous essayons d'obliger les gens d'une autre culture à accepter nos idées préconçues, nous ignorons totalement les contributions qu'ils pourraient apporter à notre propre connaissance. Il est bien facile de dire : « Ce peuple est primitif, ignorant, superstitieux et nous sommes intelligents et instruits ». C'est encore une manifestation de l'ego.

Les facettes de l'Esprit Omnipotent sont innombrables. Beaucoup de gens ont un aperçu de l'infinité telle qu'elle est reflétée dans l'une ou l'autre de ses facettes mais aucune mentalité humaine n'est assez vaste pour supporter la pleine puissance de la Vérité. Plutôt que de déprécier la connaissance d'autrui, il vaudrait mieux mettre en commun nos ressources mutuelles.

---

1. Philosophie fondée sur la croyance que la mort n'existe pas et que ceux qui sont passés au-delà de cette dimension peuvent communiquer avec les gens qui sont encore sur Terre.

Il est écrit : « Là où deux ou trois sont réunis en Mon Nom, Je suis parmi eux ». Si deux personnes discutent ouvertement de leurs croyances, elles augmentent la somme de leur force spirituelle, elles s'ouvrent mutuellement leurs horizons et se préparent ainsi à accepter de futurs efforts de connaissance d'une autre personne.

La foi s'enseigne lorsqu'on montre au préconscient une sagesse plus grande que la sienne ; il est prêt à se soumettre et, ce faisant, il libère le pouvoir intérieur, de sorte que l'amour et l'humilité peuvent se répandre sans entrave à travers l'esprit charnel. Le pouvoir de l'amour se trouve à l'intérieur de chaque être humain, prêt à se transformer en pensée consciente et il se reflète dans les actions et l'attitude de l'individu.

Jésus-Christ a vécu, est « mort » et est réapparu dans le royaume des vivants. En niant la vie spirituelle, vous niez la Déité. Personne ne peut essayer de séparer Dieu, le Christ ou l'Esprit, ou dire qu'il croit à l'existence de l'un sans croire aux autres. La résurrection est pour tous.

Ne pas croire, c'est être dominé par l'esprit charnel, c'est vivre comme un animal, c'est mourir comme un animal. Dans ce cas, la force spirituelle est si étouffée et restreinte que la tâche de nettoyer l'aura sera longue et pénible.

En gardant l'aura propre, en vivant une vie joyeuse, paisible et utile, chaque génération est en progrès sur la précédente, jusqu'à ce que l'état idéal d'une joie totale devienne le lot de chacun. Et alors, le Maître reviendra régner sur Son royaume terrestre.

Revenons à l'exemple de notre nouveau-né : quoique son esprit soit invisible à la plupart des yeux humains, de fait, il émane de l'enfant sous la forme d'un halo ou d'une aura. Les faiblesses charnelles qui voilent cette aura sont assez bien établies à l'âge adulte, car les habitudes formées en enfance sont presque impossibles à changer.

Libérée de la chair, cette aura, ou esprit, fait son ascension tout imprégnée des erreurs de l'animal qu'elle a absorbées et qui sont imprimées en couleurs à sa surface. Elle ne peut se cacher, toutes ses erreurs sont clairement visibles pour les hôtes célestes, à la lumière éclatante de la Vérité.

Comment le poète Robert Burns avait-il exprimé cela ? « Ah ! avoir le don que le Donateur nous donne, de nous voir tel que les autres nous voient ». Ce don peut être vôtre, sur terre, si vous avez le courage de regarder.

En général, cependant, c'est après la « mort » que le travail de la purification commence. Chaque tache, chaque décoloration doit être nettoyée avant que l'esprit qui s'élève puisse entrer dans Sa maison. Voilà l'œuvre que le Maître nous aidera maintenant à accomplir sur Terre afin d'accélérer notre progrès céleste.

Le voile protecteur

Afin de cacher la honte, un « voile » est donné à chaque esprit qui arrive à l'école ou qui entreprend le processus de purification. Ainsi, il y a sept niveaux, ou degrés de compréhension humaine.

Le premier est le BRUN et tous les esprits, à ce niveau, sont enveloppés de brun jusqu'à ce qu'ils accèdent au plan suivant.

L'ascension se poursuit, toujours de plus en plus haute et de plus en plus brillante, jusqu'à ce que le processus de purification des erreurs soit complet. Tout cela nous est possible sur Terre, dès maintenant, en tant que citoyens du royaume terrestre de Dieu.

C'est généralement les esprits des niveaux les plus bas qui reviennent communiquer avec les terriens, habituellement par l'entremise d'un médium (s'il a une attraction magnétique assez puissante), dans le but de prévenir les humains des erreurs qu'ils ont faites eux-mêmes lors de leur séjour sur Terre. L'étendue de leur connaissance est très limitée cependant, puisque leur purification est incomplète et les curieux les distraient par des questions d'intérêt personnel.

Dans le cas d'un médium, l'esprit préconscient s'endort et l'esprit spirituel parle directement au cerveau conscient du médium. Les pensées sont transmises à l'esprit spirituel par un esprit plus puissant et qui a une plus grande connaissance de l'« au-delà ». L'attraction magnétique du médium agit un peu comme un récepteur et haut-parleur de radio qui capte et traduit les ondes de pensées émises par le poste universel. À son réveil, le médium n'a aucune connaissance de ce qui s'est passé. La recherche du sensationnel est la ruine du spiritualisme et la façon dont on représente ce phénomène dans les pièces et les romans est une déformation grossière des faits.

Une fois passés dans l'« au-delà », nos amis et parents se rendent très vite compte que, sur le plan de l'esprit, tous sont frères et sœurs. Alors, les concepts étroits des relations tels que les comprennent les humains disparaissent. Si cette réalité était prédominante dans l'esprit des spiritualistes et s'ils étaient d'abord intéressés à trouver la Vérité plutôt qu'à chercher des preuves d'identification, ils trouveraient la communication et la guérison beaucoup plus enrichissantes et ils développeraient une plus grande paix d'esprit.

La vie spirituelle dans l'au-delà, ce n'est pas une retraite éternelle mais un éternel progrès, la joie infinie dans le service. Tous les esprits ont des tâches à accomplir selon leurs capacités. Très peu d'entre elles comportent un contact terrestre ; il n'entre pas dans les devoirs de l'esprit moyen d'essayer de conduire les affaires du monde animal. Mais l'un des devoirs du monde de l'esprit est de maintenir la connaissance du Maître dans la conscience de l'homme, afin qu'il puisse mieux connaître son moi intérieur et qu'il puisse être plus conscient de la décoloration de son aura, car chacun doit bientôt rejoindre les hôtes célestes.

Le temps n'existe pas dans le monde de l'esprit. Mille ans passent en une soirée devant Ses yeux. Soixante-dix ans ne sont qu'un instant.

Au cours de son ascension, l'esprit prend conscience de ses propres défauts et imperfections, mais non pas de ceux des autres esprits dans sa classe ; d'où le voile brun. Cet esprit est donc mal placé pour analyser les fautes des autres et offrir quelque aide que ce soit. Les mystères du but du Maître ne sont connus de personne, tant que la purification totale n'a pas été accomplie.

Cependant, il y a un commandement qu'observent communément ceux qui entrent en communion avec les esprits des défunts et c'est une leçon que l'humanité ferait bien d'apprendre. Comme nous l'avons dit, les mots ne sont que des mots. On ne peut blâmer un petit enfant qui, entendant ses parents prendre le nom de Dieu en vain, croit que ce manque de respect est associé à la virilité (la bravade). Voici une forme de stupidité animale si bête qu'elle ne vaut presque pas la peine d'être mentionnée ; celle qui essaie de rehausser l'ego en osant insulter publiquement le Maître, Son Fils, ou Sa Mère (qui est, soit dit en passant, une amie personnelle et chère de l'auteur), ou ces nobles terriens que nous appelons les saints, en osant proférer l'équivalent de ces paroles :

« Voyez comme je suis brave ; rien ne me fait peur, j'ose même ridiculiser Dieu ». La bravade immature se fait pardonner parce que trop puérile pour être punie ; priez maintenant qu'Il pardonne, car il est écrit : « Vous ne prendrez pas le nom du Seigneur votre Dieu en vain, car le Seigneur ne tiendra pas sans blâme celui qui prend Son nom en vain ». Nous ne devons pas parler à la légère de ceux que nous aimons.

Pour ceux qui ont le pouvoir intérieur, la ligne de démarcation entre le ciel et la terre est à peine perceptible. Lorsqu'on est sans honte, la transition est un événement qu'on attend avec joie et émerveillement.

Il n'y a pas un seul instrument ou appareil sur la Terre qui puisse mesurer la brièveté de la vie animale comparativement à l'infinité de L'Être Éternel. Pourtant, certains sont *encore* assez aveugles pour exalter la chair hors de toute proportion.

Reconnaissez et acceptez la vérité et il n'y a aucun besoin de vouloir explorer trop profondément le monde de l'Esprit. Chacun a toute l'éternité pour en découvrir toutes les délices. Toujours conscient de l'infinité, conduisez plutôt votre vie animale avec joie, sans peur, énergiquement, en gardant les deux esprits en harmonie. Sachant la différence entre le bien et le mal, jouez le jeu honnêtement.

L'homme peut accomplir des progrès intellectuels illimités pour le plus grand bien de toute l'humanité. On peut, par exemple, fabriquer de la vitre plus indestructible que tout autre matériel connu aujourd'hui en utilisant les matériaux les moins chers. L'énergie atomique peut être utilisée pour la paix et pour l'abondance. Explorez la nature par tous les moyens. Vivez avec un V majuscule, Aimez avec un A majuscule, riez et soyez heureux !

Ceux qui sont à l'image de Dieu n'ont pas le visage triste. L'Amour est joie ; la vérité est liberté. Destruction, misère, peur, soupçon et haine, voilà les produits de l'erreur et du matérialisme. Tel est donc le choix qui se présente à chacun de vous.

Cette planète est trop petite pour souffrir que vos opinions soient divisées et vos loyautés opposées. On ne peut plus tolérer l'égocentrisme, l'intérêt personnel ou le partage inégal des biens mondiaux.

Appelez-vous comme vous voulez : juifs, gentils, bouddhistes ou musulmans ; les mots ne sont qu'une forme de communication animale. La pensée, voilà ce qui compte. Aimez Dieu et vos frères spirituels-charnels. Tous retournent au Seul et Unique Créateur, et tous seront Un en pensée avec la Sagesse, une fois qu'ils entreront dans Sa demeure.

Il n'y a qu'Un Souverain de l'Univers. Un Être Suprême.

Chapitre 10

ÉDEN SUR TERRE

Un royaume terrestre

« Je ferai miséricorde aux milliers qui M'aiment et gardent Mes commandements ».

Le Maître ne rompt jamais les promesses qu'Il fait à l'humanité. Maintes et maintes fois, Il m'a dit : « Ne consacre pas ton temps à convertir ceux qui t'entourent, car ils ressentiront le pouvoir que je mets en toi et en bénéficieront. Ta tâche est d'écrire Mon testament final, avec simplicité et clarté afin que toutes les générations futures puissent le comprendre et en bénéficier. Tu fus choisie pour cette œuvre bien avant ta naissance. Je ne désirais pas choisir une personne de haute éducation ; mais plutôt une personne de capacité moyenne, capable de penser comme toute personne moyenne et c'est à cette fin que tu fus éduquée.

« Ces écrits ont pour but de mettre en corrélation la connaissance universelle non écrite et les écrits de Mes prophètes antérieurs qui ont chacun apporté leur contribution ; mais personne n'a jamais reçu la connaissance globale qui t'est donnée. Qu'il n'y ait aucun malentendu ; voici Ma parole finale, ainsi que Je l'ai promis.

« Tu n'écriras que certaines des choses que Je te révèle et mon Archange te guidera dans la voie de Ma volonté. Le monde n'est pas encore prêt à recevoir tout ce que je vais te dire et tu n'aurais pas la force de supporter la totalité de mon message, car Je pourrais paralyser ton cerveau avec mes révélations ».

Notre génération est celle qui a eu la chance d'être choisie. C'est elle qui verra la gloire de l'avènement du royaume de Dieu sur terre.

Il vous a révélé, ici, la vérité, afin que la vérité vous libère.

Tous ceux qui demandent recevront ; tous ceux qui cherchent, trouveront. Pour ceux qui L'aiment et qui gardent Ses commandements, Ses récompenses spirituelles seront sans nombre.

C'est à leurs enfants qu'appartient le royaume terrestre de Dieu, libre de toute maladie, des besoins et de la guerre, un véritable « Paradis Terrestre ».

Quoique la politique puisse échouer, quoique la science puisse échouer, quoique toutes les entreprises humaines échouent nécessairement et que les royaumes s'écroulent, Son royaume Universel vivra éternellement.

L'homme, aujourd'hui, vit un mensonge. Il agit comme un animal et il prétend que ses idéaux sont à l'image de Dieu. Les nations qui osent se dire chrétiennes et les Églises qui se disent chrétiennes, en guise de justice, ne font qu'engendrer la méfiance du peuple à l'égard de leurs frères spirituels. Elles vivent dans la peur de perdre leur corps, leur pouvoir terrestre et leur richesse matérielle.

Le règne de l'homme animal sur terre tire à sa fin. Le Maître l'a décrété. L'heure est venue ; voici Sa génération choisie. Arrêtez-vous, là où vous êtes et *pensez*!

Examinez-vous à la lumière de ce que vous avez lu. Qui d'entre vous alors osera dire : « Maître me voici, je suis pur, je suis digne d'être héritier du Paradis Terrestre » ?

La dernière génération

Mes sœurs, nous avons élevé notre dernière génération de chair à canon.

Mes sœurs de couleur, le festin et la famine ne marcheront plus côte à côte en se disant à la ressemblance du Maître. Chaque cœur sera élevé dans cette promesse solennelle : « Que Ta volonté soit faite sur la Terre comme au Ciel ». Suivez chaque étape.

1. Connais-toi toi-même. Vois comment les instincts animaux détruisent tout ce qui est bon dans la vie. Triomphe de cet animal.

2. Connais ton Dieu, la seule source de bonté, de tendresse et d'amour et la seule source de l'esprit. Découvre le pouvoir de la prière. Développe ton pouvoir intérieur.

3. Connais tes enfants. Comprends leurs problèmes ; enseigne-leur l'amour de Dieu et de leur prochain. La responsabilité de leur bonheur futur t'incombe.

4. Connais ton prochain : donne ta tunique et ton manteau ; marche le deuxième mille ; bénis ceux qui te persécutent ; présente l'autre joue. Plutôt

que d'être emprisonné au centre d'un cercle croissant de peurs et de soupçons, renverse le processus. Commence un cercle d'amour et de fraternité sans borne.

5. Unissez-vous dans votre but. Profitez de la joie parfaite de l'harmonie entre l'esprit et la chair : une vraie camaraderie pour tous ; paix et abondance. Que vos accomplissements intellectuels servent les buts qu'Il a conçus : le bien-être de l'humanité entière. Travaillez positivement à développer un esprit sain. Tout est à votre portée ; prenez Sa main, c'est la *seule* façon d'y arriver.

Les entreprises égocentriques n'apportent qu'un plaisir charnel des plus temporaires et peuvent prendre jusqu'à dix mille années terrestres pour être effacées, car chaque iniquité doit être payée en entier. C'est la justice éternelle ; aucun être intelligent ne peut la comprendre autrement.

Qu'y a-t-il donc à gagner par des folies ? Comment peut-on suggérer qu'il est logique de suivre la règle de conduite la plus inférieure, de persécuter ceux qui vous persécutent ? Où nous conduit cette attitude, si ce n'est vers la destruction ? Avons-nous besoin d'autres preuves que celles que nous avons déjà ? Le soupçon engendre le soupçon ; la vengeance engendre la vengeance. Est-ce folie de présenter l'autre joue ? Tandis que l'ego crie pour sa vengeance, l'esprit se réjouit de sa conquête !

Pourquoi attendre qu'un autre fasse le premier pas ? Pourquoi stagner dans les limbes de l'apathie ? La force se trouve dans l'Amour. Aimez-Le à l'exclusion de toute chose et ne craignez aucun homme. La peur est animale ; l'amour est divin.

Pourquoi avoir peur de parler aux autres nations de votre Amour ? La vérité et la sagesse sont toutes-puissantes et la plume est encore plus puissante que l'épée.

Comme David a triomphé de Goliath, ainsi, la prière peut vaincre la bombe atomique et les conséquences horribles de la radioactivité. Fondamentalement, l'esprit est de force égale en *chaque* homme. Priez pour que vos ennemis reçoivent une direction spirituelle et le pouvoir intérieur de ces hommes triomphera. En L'aimant, vous ne pouvez faire autrement qu'aimer tous Ses enfants comme vous-même. Chaque homme a droit à part égale au royaume éternel, chacun selon sa valeur individuelle.

Au contraire de la Nature qui distribue ses cadeaux au hasard des chromosomes, l'Infinité accorde le pouvoir intérieur, Son dénominateur commun, avec égalité et justice. Le pouvoir de la sincérité n'est pas donné uniquement aux riches ou aux pauvres, à l'esprit brillant ou au sot, à une race ou à une croyance plus qu'à une autre, le pouvoir intérieur est accordé de façon égale à chacun, dès sa naissance.

Chaque problème humain sera résolu avec une précision mathématique lorsque l'homme reconnaîtra ce dénominateur commun comme la base de toute action, décision ou jugement. Les citoyens de première classe seront les hommes intègres, non pas l'intelligentsia ; les citoyens de deuxième classe seront ceux qui choisiront pour eux-mêmes des critères inférieurs ; et pourtant le summum de l'accomplissement est à la portée de tous.

Emmagasinez des richesses éternelles ; pensez au-delà de soixante-dix ans de vie terrestre. Il a promis de vous remettre au centuple l'amour que vous donnez. Apprenez à connaître la joie totale de celui qui donne, la joie de servir le Bien-Aimé.

N'essayez point de le faire seul: priez; méditez; étudiez.

Écoutez la voix de la conscience. L'Esprit saura vous dire ce qui est bien ou mal, vrai ou faux. Le pouvoir intérieur ajoute son propre charme à la personnalité animale et c'est un compagnon très aimable lorsqu'il a sa liberté. C'est la véritable essence de soi-même.

Les grandes directions

L'Esprit cherche toujours le meilleur et il trouve le meilleur dans l'humanité. Le développement du pouvoir intérieur est une aventure qu'aucun homme ne peut négliger. Domptez le cheval noir!

Possédant des pouvoirs mentaux bien au-delà de la capacité animale, l'Esprit a accès à tous ses frères. Une fois en harmonie, l'animal s'étonnera des anciennes tentatives désespérées qu'il faisait pour essayer de voir au-delà de sa propre sphère. Le pouvoir intérieur vous donne une vraie fierté, la confiance en soi et un sens certain de votre direction; il vous assure un progrès constant. Si on lui donne sa chance, il peut enrichir la vie terrestre au-delà de tout espoir.

D'abord, les petites préoccupations quotidiennes deviennent insignifiantes; toutes les petites douleurs et les inconforts disparaissent; paresse et crime sont effacés.

Tout soupçon à l'égard d'autrui s'évanouit dans l'air ainsi que toutes les pensées de cupidité, de vengeance, d'agression et d'oppression.

Qu'elle est belle cette Terre! Mais combien son visage est-il de plus en plus marqué par les querelles des hommes! Pourquoi faut-il qu'il en soit ainsi? N'est-il pas encore né, cet homme qui osera se demander pourquoi et à quelle fin ? Y a-t-il vraiment des gagnants dans un tel conflit ?

Si ce sont des esprits « sains » et une conduite « solide » qui ont mis la Terre dans une telle situation, alors nous devrions peut-être examiner de plus près les exemples plus illogiques de « direction » que l'histoire a à nous offrir, ces hommes dits fous.

Le Bouddha, par exemple, un des hommes les plus riches de son époque, qui pouvait commander un harem à son moindre désir, qui possédait un palais, une princesse et un héritier. Quel raisonnement a pu le pousser à se lancer dans la voie de la pauvreté et de la privation, seul, dans une forêt ? Quelle folie ?...

Moïse a-t-il été logique ? Il a abandonné le confort de l'abondance d'Égypte, la chance de diriger une nation puissante. Pourquoi un tel homme s'inquiéterait-il d'une poignée de misérables esclaves et risquerait-il tout pour les libérer ? Quel intérêt y trouva-t-il ?

Croyez-vous que Martin Luther King, le Bab, Jeanne d'Arc ou le Mahatma Gandhi se soient préoccupés de leur intérêt personnel ? Pour l'Américain moyen, leurs motifs sont incompréhensibles ; ils sont insensés. Faire la charité ? Bien sûr !... une fois que tous nos besoins personnels sont comblés. On se sent bien, n'est-ce pas ? Mais la vraie motivation désintéressée... qui peut comprendre ça ? Pour la mentalité charnelle, c'est illogique.

La motivation désintéressée, voilà la réponse complète et totale à tous les problèmes qui accablent aujourd'hui l'humanité... lorsque chaque individu dépensera toute son énergie à combattre le *véritable* ennemi ! SOI-MÊME !

Une fois la sombre nuit de l'intérêt personnel terminée, chacun s'éveillera rafraîchi de son sommeil paisible dans le Paradis Terrestre ; chaque aube resplendira d'anticipation ; chacun se mettra à l'œuvre, saluant son voisin d'un « Bonjour ! » et, ferme dans sa résolution et ses buts, entreprendra avec vigueur ses tâches quotidiennes. Les querelles, les médisances, les conflits personnels ne pourront plus vous énerver, car tous seront unis dans un but commun.

La joie et le bonheur des autres sauront réjouir tout le monde comme si l'événement heureux leur était arrivé à eux personnellement ; de même, les peines et les échecs inévitables seront partagés en commun et les vives déceptions seront partiellement effacées par l'attitude des amis qui se rassembleront pour prêter main-forte. Chacun pensera au bien-être de tous.

Finis les jours où l'homme, comme une tortue, rentre la tête dans sa petite carapace en prétendant ne pas voir qu'on a besoin de lui !

Il sera actif, plein d'énergie, plein de vie ; il cherchera où il peut faire le plus de bien et il organisera son temps en fonction de son emploi. Il sera motivé par la fierté de l'accomplissement, sachant qu'il a fait de son mieux avec les facilités à sa disposition. Aucun grand talent n'est nécessaire.

Peut-être faites-vous de bonnes tartes aux pommes, ou jouez-vous assez bien du piano ; ou bien, vous savez vous entendre avec les jeunes, vous êtes expert aux échecs, ou vous savez écouter les autres ; allez trouver quelqu'un qui saura bénéficier de vos talents et partagez-les. Faites de votre mieux. Ouvrez, en donnant de vous-même, de nouveaux horizons de pur délice ; donnez de vos ressources les plus intimes.

Essayez de vous voir comme un petit poussin-embryon ; imaginez votre monde limité à une coquille ;

ensuite, commencez à percer votre chemin à travers cette coquille d'égocentrisme, pour finalement surgir dans la lumière, tout étonné de découvrir une nouvelle vie à explorer.

Redevenez comme un petit enfant, yeux grands ouverts, avide de connaître. Prenez le temps et la peine de prendre contact avec ceux dont vous connaissez peu le milieu et l'origine, ces gens dont les façons de faire et la pensée vous mystifient quelque peu, apprenez à les comprendre et à partager leurs expériences. Vous en retirerez des bienfaits incroyables, si seulement vous osez ouvrir les portes de votre esprit qui étaient auparavant fermées et verrouillées. En voyage, allez rencontrer les gens des divers pays visités, les gens de la rue. Portez la bonne volonté là où vous allez, foncez à travers les barrières culturelles et comprenez que ce ne sont pas les *gens* qui sont différents, mais leur milieu, leur environnement et leur programmation.

Plus vous en apprendrez, plus vous rirez à l'intérieur de vous-même du peu que vous connaissiez (comme l'a fait Mark Twain).

En toute humilité, sondez les profondeurs de la relaxation ; ayez une vraie perspective sur votre *véritable* importance. Disons sur un pied d'égalité avec le coq qui chaque matin croit commander, par son chant, le lever du soleil ?

En vérité, ce n'est qu'au moment où la pleine signification de l'humilité frappe l'homme, qu'il peut être libre. Libre dans l'égalité, libre d'ouvrir des yeux émerveillés et de voir l'univers comme son université : libre d'étancher sa soif à la fontaine de la sagesse.

Pensez aux résultats que pourraient apporter les vastes sommes d'argent présentement dépensées pour maintenir les forces policières, les pénitenciers et maisons de correction et les budgets de la défense nationale, si elles étaient versées à des entreprises qui travaillent pour le progrès.

Il y aurait des organisations internationales de la femme qui échangeraient leurs idées et apporteraient leur contribution au service de l'humanité. Que ce serait excitant d'entendre parler chaque soir, à l'heure des informations nationales, des plus récentes conquêtes sur la misère et la sous-alimentation, d'entendre parler des gestes de bonne volonté qui se manifestent à mesure que l'homme spirituel triomphe, de voir des films sur le progrès, des reportages sur l'aide apportée aux pays sous-développés, d'observer, avec plaisir, la compétition saine des pays riches qui essaient de se surpasser aux sports, dans le domaine des arts et des sciences et surtout dans leur générosité envers les pays plus défavorisés ! Aimer tout le monde comme on aime son frère ; imaginez cela.

Sentez cette paix de Dieu qui dépasse tout entendement, qui descend sur vous, qui vous enveloppe d'une armure brillante et impénétrable lorsque, enfin, vous pourrez lever les yeux étincelants vers le ciel et dire : « Regarde-moi, Père, je suis purifié ».

Le jour du jugement sur la planète Terre approche ; ce jour où elle sera prête à être reçue fièrement et totalement comme membre de Sa famille universelle. Combattez vaillamment, et quand son Paradis Terrestre sera prêt, préparez-vous à recevoir votre Roi.

« Que votre cœur cesse de se troubler ! Croyez en Dieu, croyez aussi en moi. Il y a beaucoup de demeures dans la

maison du Père, si cela n'était pas, je vous l'aurais dit ; je vais vous préparer une place. Et quand je serai allé vous préparer une place, je reviendrai vous prendre avec moi, afin que là où je suis, vous soyez, vous aussi ». (Jean 14 : 1–3)

LEXIQUE
de certains termes utilisés
dans ce livre

Armaggedon :

victoire de l'homme sur lui-même.

Cerveau-ordinateur :

ou préconscient ; ne fonctionne comme un ordinateur qu'avec des données enregistrées (input) ; on trouvera aussi « ordinateur cérébral ».

Concept :

idée abstraite et générale du niveau de l'esprit.

Conscience :

sentiment que chacun a de son existence et de ses actes. Dans son sens psychologique, la conscience se développe avec la mémoire et le retour sur soi-même.

Conscient :

l'un des trois éléments de la personnalité humaine. Il est l'identité, ou « ID », ou « Je suis » (cf. tableau de la personnalité humaine dans *L'homme nouveau*, chap. 1).

Ego :

un des trois éléments de la personnalité humaine, il est la force motrice de l'identité. Il dispose d'une très grande énergie orientée vers les centres d'intérêt de l'identité. Il est le serviteur sélectif (cf. tableau de la personnalité humaine dans *L'homme nouveau*, chap. 1).

Émotion,
émotif,
émotivement:

traduction des mots anglais « feeling » et « emotion »; inclut toute la gamme des sentiments et des sensations.

Empathie:

projection de sa propre personnalité dans la personnalité d'un autre pour mieux le comprendre, basée sur des considérations universelles, pour le bien du plus grand nombre et sans réserve.

Engramme:

trace laissée dans le cerveau par un événement du passé individuel.

Esprit:

est utilisé en français et dans le texte dans plusieurs sens; dans un premier sens, il traduit le terme anglais « mind » et désigne « la réalité pensante, le principe pensant en général, opposé à l'objet de pensée, à la matière ». — Dict. *Robert.*
Dans un deuxième sens, il veut dire « être immatériel, incorporel ». — Dict. *Robert.*
Et enfin il sert à désigner l'Esprit ou Dieu.

Esprit conscient:

synonyme de conscient.

Feed-back:

terme anglais utilisé en cybernétique et signifiant « action de contrôle en retour, ou rétroaction ». Dans le texte, il a le sens d'« échange réciproque, d'expériences apportant un enrichissement ou une amélioration mutuels ».

Inconscient :
tout ce qui échappe entièrement à la conscience, même quand le sujet cherche à le percevoir et à y appliquer son attention. Son existence est cependant prouvée par la mémoire et l'habitude.

Input :
terme d'informatique signifiant : information fournie à l'ordinateur. Dans le texte : information fournie au cerveau.

Keph-a-Râ :
prêtre — scribe de la reine Hastshepshout dans l'Égypte ancienne. Sa biographie est le sujet de l'un des ouvrages de cette collection.

Loliad-R-Kahn :
le guide de l'auteur ; métaphysicien de l'époque de l'Atlantide. Son histoire est le sujet de l'un des livres de cette collection.

Ordinateur cérébral :
voir cerveau-ordinateur.

Output :
terme d'informatique signifiant : information donnée par l'ordinateur. Dans le texte : information donnée par le cerveau.

Perception consciente :
mécanisme de concentration et d'orientation de la conscience, qui fait que l'on portera cette dernière sur telle ou telle chose. Elle est la capacité de percevoir consciemment tel ou tel aspect de la réalité, ou sa globalité.

Préconscient :
traduction du mot anglais « preconscious ». C'est, dans le texte, la mémoire totale de tout ce qui a été enregistré par le cerveau depuis la naissance.

Programmation :
tout ce qui a été inscrit dans la mémoire de l'ordinateur, ou préconscient, par les différentes formes d'éducation : famille, église, société, ainsi que par le résultat des expériences vécues.

Psientifique :
néologisme signifiant dans le texte : scientifique qui a la conscience universelle ou personne engagée dans le domaine de la science-psi.

Psi-manquant :
phénomène au cours duquel le psi semble être absent de la personnalité que l'ego dirige par imitation du psi.

Psionnier :
personne engagée dans l'avancement de la science-psi.

Psychique :
nom : personne douée de perception et/ou de pouvoirs extra-sensoriels : télépathie, télékinésie, voyance, communication avec d'autres dimensions, perceptions variées, etc.

Science-psi :
science qui a trait à tout ce qui concerne le développement de la personnalité et de la psyché ainsi que tout ce qui concerne leurs relations avec l'univers.

Sensible :
terme synonyme de « psychique ».

Signe de l'homme nouveau:
Symbole d'I AM — Institut de Métaphysique appliquée, illustrant la double nature de l'homme. L'homme (l'aspect physique) a ses pieds bien plantés sur le sol, symbole d'une attitude sensée envers les réalités terrestres. Ses bras élevés indiquent un esprit ouvert et curieux qui se porte sans préjugés vers les idées nouvelles. Ses yeux sont tournés vers les étoiles. Autour de l'homme physique, des vibrations d'énergie rayonnante, des ondulations toujours grandissantes, montrent l'aspect intangible de l'homme, son psi et son union avec l'univers vivant.

Superego:
le troisième élément de la personnalité. C'est la conscience morale programmée par l'éducation (cf. tableau de la personnalité humaine dans *L'homme nouveau*, chap. 1).

Supraconscient:
l'aspect spirituel de la personnalité (ou psi).

Supranormal:
(phénomène) qui, à l'heure actuelle, ne peut pas être expliqué par la science.

Sympathie:
similitude de sentiments, basée sur une préférence individuelle reposant sur la programmation.

Achevé   Imprimerie
d'imprimer Gagné Ltée
au Canada Louiseville